마케팅
첫키스

1판 1쇄 펴낸 날 2020년 9월 18일

지은이 안혜빈·김민정
펴낸이 나성원
펴낸곳 나비의활주로

책임편집 김정웅
디자인 design BIGWAVE

주소 서울시 성북구 아리랑로19길 86, 203-505
전화 070-7643-7272
팩스 02-6499-0595
전자우편 butterflyrun@naver.com
출판등록 제2010-000138호
상표등록 제40-1362154호

ISBN 979-11-90865-09-8 03320

하루 3시간 투자로 브랜드의
진정한 팬 1000명을 만들기 위한 마케팅 실전 공략집!

마케팅 첫 키스

안혜빈·김민정 지음

나비의 활주로

CONTENTS

CHAPTER 3

마케팅과 평등하기 마케팅 성공의 전제조건

CHAPTER 4

마케팅과 뒹굴기 마케팅 실전 활용 키포인트

자본주의 시대, 실전 마케팅으로 살아남기

독자님, 지금 어떤 고민으로 이 책을 선택하게 되셨나요?

독자님처럼 자본주의 시대에 경제적 여유를 얻기 위해 마케팅이라는 도구로 살아남은 저자들의 이야기, 지금부터 같이 들어보실래요?

안혜빈

경제경영 베스트셀러 『젊은 부자들은 어떻게 SNS로 하루에 2천을 벌까?』 저자

'나한테서 똥 냄새가 나면 어떡하지?' 2008년 여름이었습니다. 아침마다 화장실 가고 싶은 것을 꾹 참았습니다. 왜냐하면 우리 집만 재래식 화장실이었기 때문입니다. 자본주의 사회에서 가난함은 저에게 부끄러운 것은 아니었지만, 제 자존감을 계속해서 떨어뜨리는 불편한 것이었습니다. 그리고 그 시기에 처음으로 자본주의에서 경제적 여유를 갖는 것에 대해 진지하게 생각해볼 수 있었습니다. 그때 제가 찾은 돌파구는

처음에는 기술이었고, 사업이었습니다.

저는 매일 하루에도 몇 개씩 사업 아이디어를 짜냈습니다. 친구들과 놀 시간도 아까웠습니다. 주위 사람들은 저를 특이한 애, 이상한 애처럼 봤습니다. 왜냐하면 굳이 지금 당장 생각하지 않아도 될 것을 만들어 생각하는 사람이었으니까요.

그때 사업, 창업, 부자 관련된 책을 닥치도록 읽었는데, 그러다 미용 산업이 앞으로 수요가 더 많아질 것이라 확신하였습니다. 그리고 미용을 배우기 시작했습니다. 그런데 그 당시 제가 들었던 말은 "공부 못하는 애들이나 미용 하지.", "혜빈이 너 그러다 미용 한 거 후회하고 결국 식당에서 접시나 닦고 있을걸?"이었습니다. 그 말을 모두 무시하고 계속해서 자본주의 도구를 찾기 위해 혼자만의 전쟁을 치러야만 했습니다.

그러던 어느 날, 아르바이트를 하던 가게의 사장님이 밤낮없이 일하느라 제대로 된 식사 한 끼도 못 드시는데도 오픈 직후 3개월 동안 내내 적자를 내는 것을 보게 되었습니다. 사장만 되면, 매장만 창업하면, 전문적인 기술만 있으면 경제적 여유를 가질 수 있을 거라 확신했던 터라 엄청난 충격이었습니다.

저는 아르바이트생이었음에도 불구하고 사장님이 진정한 경제적 여유를 찾으셨으면 하는 바람에 매장의 매출을 올리기 위해 메뉴 개발부터 전단지 돌리기, 인형탈 아르바이트까지 시키지도 않은 일들을 찾아서 하기 시작했습니다. 그런데도 그 매장은 잠깐 매출이 많아졌을 뿐, 신규 고객 유입이 되지 않아 늘 고민이었습니다.

'아, 자본주의 사회에서는 단순히 기술만 가져서는 안 되는구나.' 하는 것을 몸소 깨달았습니다. 그리고 그렇게 열심히만 살다가 18살 때 처음으로 제 힘으로 작은 사업을 시작했습니다. 그게 바로 향수를 만들어 파는 일이었습니다. 직접 판매에 부딪혀보니, 대면 영업으로는 100년 동안 향수를 판매해도 절대 노동의 한계를 벗어나지 못할 것이라는 사실을 깨달았습니다. 대면해서 알리고, 샘플을 만들어 고객들을 찾아다니며 직접 홍보하는 것은 굉장히 에너지를 소모하는 일이었고, 그 행위를 통해 유입되는 고객들의 응대-제품 생산-포장까지 모두 하고 나니 노동에 들이는 시간에 비해 벌 수 있는 돈의 한계를 뼈저리게 느낄 수 있었습니다.

그때 처음으로 페이스북에, 마케팅인 줄도 모르고, 어떻게 향수를 만드는지 과정을 올렸습니다. 그리고 그것을 구매할 수 있는 방법을 함께 올렸더니 고객이 스스로 저를 찾아오기 시작했습니다. 지금 생각하면 스토리텔링 마케팅이었던 것입니다. 사람들은 그런 저를 관종이라고 불렀습니다. "쟤 지금 완전 관심받고 싶어서 날뛰는구나. 뭘 저렇게 피곤하게 살지?" 그런데 저는 그 시기에 페이스북에 제품을 올리기 시작하면서 대면 영업의 한계를 벗어날 수 있었습니다. 이 경험으로 경제적 자유를 얻지는 못했지만, 자본주의에서 살아남는 도구를 파악할 수 있었던 아주 중요한 경험이었습니다. 그리고 그때부터 자본주의에서 노동자로서의 삶이 아니라, 정말 경제적 자유를 얻는 삶을 살아가려면, 반드시 '온라인 마케팅'이라는 도구를 공부해야겠다고 생각했습니다.

이 글을 읽고 있는 독자님은 지금까지 자본주의에서 살아남기 위해 어떤 노력들을 해 왔나요?

아마 제가 독자님을 만나보지는 못했지만, 정말 치열하게 배워왔고, 혹은 치열하게 자신의 한계를 벗어나기 위해, 자신의 상황을 더 좋은 상황으로 만들기 위해 열심히 살아온 분들일 것입니다. 저 또한 업종 특성상 수백 명의 수강생분들을 가르쳐드리다 보니, 그분들 중 열심히 살지 않은 분은 거의 없었어요. 다만, 투자하는 시간에 비해 벌어들이는 수익이 부족하다고 느끼시거나 방법을 모르실 뿐, 모두 열심히 살고자 노력하시고 누구보다 앞장서서 달려오신 분들이셨습니다.

자, 그럼 좀 더 객관적으로 생각해 보겠습니다. 자본주의 시대를 살아가는 데에 있어서 마케팅이라는 도구를 공부하지 않고, 지금의 삶을 완벽히 벗어날 수 있는 방법이 있을까요? 이 물음에 확실한 답을 찾지 못하셨다면 이 책을 끝까지 정독하시는 과정에서 그 물음에 대한 답을 확실히 찾으실 수 있을 겁니다.

아, 혹시 이 책을 읽는 독자님 중 아래에 해당되시는 분은 책을 읽지 않으셔도 좋습니다.

1) 평생 써도 돈이 넘쳐흐르는 부를 갖춘 부자

2) 천재적인 능력을 갖추고 있어서 내가 나를 홍보하지 않아도 사람들이 나를 찾아오는 능력자

3) 인재들이 나에게 자꾸 몰려들어 내가 굳이 일을 하지 않아도 누군가 나 대

만약 독자님이 자본주의 시대를 살아가는 데에 있어서 경제적 여유를 얻을 수 있는 도구를 찾고 계신다면, 직업이나 자신이 처한 환경, 매출에 상관없이 반드시 이 책을 끝까지 정독할 것을 권해드립니다.

더불어 제가 책을 쓰기 전 유튜브 〈혜남TV〉 라이브 방송에서 "책을 쓸 때 꼭 참고했으면 하는 것이 있나요?" 하고 여쭤보았을 때, 가장 많이 요청해 주신 것이 "시중에 나와 있는 마케팅 실전서들도 모두 좋았지만, 현재 내 상황에 세세하게 적용할 수 있는 책이 아직은 없어서 많이 아쉬워요. 각 업종별 마케팅 채널 활용법도 구체적으로 알려주세요"라는 내용이었습니다. 그리고 활용할 수 있도록 실전 미션도 같이 알려주면 좋겠다는 의견도 주셨는데, 그 부분을 참고하여 전체적으로 예시와 미션을 더 첨부하였으니, 꼭 구석구석 읽어보고 활용하실 수 있길 바랍니다.

김민정

영국에서 월 수익 200만 원 프리랜서였다가, 마케팅 교육으로 몸값 5배 올린 프리랜서 이야기

"나쁜 놈. 네가 어떻게 나한테 그럴 수 있어?"

5년을 사귄 남자친구와 헤어지고 정말 '나 혼자의 세상'을 살게 되면서 이를 악물었습니다. 그리고 어떻게 하면 더 빨리 돈을 많이 벌어 그 사람의 코를 납작 눌러줄 수 있을까를(그 사람이 나 같은 여자를 놓친 걸 땅을 치고 후회할 수 있게 할까를) 매일같이 고민했죠.

월 1,000만 원. 딱 그것만 벌면 헤어진 남자친구에게 '보란 듯이 잘 살고 있다'는 것을 보여줄 수 있을 것 같았어요. 그 사람은 안정적인 직장을 다니며 연봉이 초봉으로만 1억 이상을 벌 수 있는 분야에 있는 사람이었거든요. 아니, 나쁜 놈이 돈까지 잘 벌면 자존심 상하지 않으세요? 저는 그때 결심했어요.

"그래? 그 돈, 까짓것 내가 벌면 되지!"

그런데 프리랜서로 일을 하며 고정 급여 없이 월 100~200만 원을 벌던 사람이 어떻게 갑자기 월 1,000만 원을 벌 수가 있을까요? 게다가 저는 그때 SNS에 개인적인 이야기를 쓰는 것에 대해 극도로 꺼려 했던, 영국에 거주하는 26살 외국인 노동자였습니다.

120만 원. 그때 제가 매달 내야 했던 월세였어요. 지금은 직업이 4개인 N잡러, 멀티랜서지만, 그 당시에 영국에서 제가 돈을 벌었던 방법은

단 1가지였습니다. 비즈니스 출장 통역. 학교는 졸업했겠다, 이제 몸 쓰는 식당 아르바이트는 그만하고 싶어 대학교를 졸업한 지 4개월 만에 시급 10,800원을 받고 3년째 일하던 식당 아르바이트는 그만둬 버렸고, 제가 4년째 틈틈이 계속해왔던 통역만 수입원으로 남겨둔 상태였어요. 몸 쓰는 일보다 좀 더 전문 직종처럼 보일 수 있는 일을 하고 싶었거든요. 시간당 15만 원의 통역을 할 때도 있었지만 제가 직접 그곳에 갈 수 없으면 아예 돈을 벌 수 없는 직업. 그게 바로 제가 느낀 통역사의 한계였습니다. 프리랜서다 보니 수입이 왔다 갔다 했었습니다. 어느 달은 100만 원, 어느 달은 200만 원. 그리고 그마저도 월세로 120만 원이 빠져나가니 저축할 돈은 생각할 새도 없이 버는 족족 빠져나갔죠.

그러던 중 발목을 다치게 되어 한 달간 밖에 나가 일을 하지 못하게 된 적이 있었어요. 당연히 수익도 0을 찍었던 달이었죠. 딱 4주째가 되는 날 통장 잔고를 확인하니 머릿속에는 이 생각밖에 나지 않았습니다. '이제는 돈을 벌어야 한다.' 그게 바로 제가 처음 집에서 온라인 마케팅으로 돈을 벌 수 있는 법에 대해 알게 된 때였습니다.

마케팅을 접하면서 처음 3개월간은 수익이 나질 않았지만, 그로부터 11개월 뒤 저는 약 6개월간의 목표였던 월 1,000만 원을 벌게 되었습니다. 통역사로서의 몸값도 2배가 올랐죠. 그리고 그때를 기점으로 지금까지 핸드폰과 노트북만 가지고 언제 어디서나 일을 하며 마케팅으로 돈을 벌 수 있게 되었습니다. 또 '○○보다 잘될 거야.'라는 마음을 돈을 버는 목적의식으로 가져서는 안 된다는 것도 깨닫게 되었어요.

혹시 그거 아세요? 그때 저를 놓친 남자친구는 사업을 하는 저의 SNS를 보고 지속적으로 연락이 옵니다. "내가 미친놈이었어… 우리 다시 시작할 수 있을까?"라고요.

혹시 지금 마케팅 공부가 이번이 처음이세요?

독자님은 어떤 이유로 마케팅을 공부하려 하시나요?

그리고 마케팅을 공부하시는 것이 어려우신가요?

그게 맞습니다. 처음 하는 공부잖아요. 그리고 아시다시피 그 처음 하는 공부도 시간이 지나면 지날수록 조금 더 쉬워지기 마련입니다. 그러면서 마케팅 안에서도 내가 정말 즐기며 더 하고 싶은 분야를 찾으세요. 저도 처음에는 마케팅을 배우고 나서 돈을 벌 수 있는 모든 것에 적용해 보려고 했습니다. 스마트 스토어, 유통, 유튜브 등이요. 그리고 사람이 혼자 할 수 있는 일의 양이 정해져 있다는 것을 알게 되었죠. 이걸 알게 된 이후에는 제 멘토님께 저만의 전문성을 가지며 나머지는 전문가에게 아웃소싱을 하거나 그 일을 잘하는 사람과 협업을 하며 적은 시간에 더 많은 수익을 창출할 수 있는 방법을 배웠습니다.

이 책을 읽으시는 독자님께서는 저보다 더 쉽게 마케팅을 접하실 수 있도록, 제가 어떻게 마케팅을 통해 인생을 아웃소싱 했는지 낱낱이 풀어놓았습니다. 꼭 끝까지 읽으시고 자본주의 사회에서 바라는 경제적 자유를 얻는 첫 단추가 되길 바랍니다.

CHAPTER 1

마케팅과 썸 타기

마케팅 성공 사례 맛보기

STEP 1

잘나가는 것처럼 보이던 사장님이
3개월간 적자가 났던 이유

프롤로그에서 언급한 그 사장님은 왜 밤낮없이 일을 해도 마이너스가 났을까요? 그리고 2020년 현재 시점, 창업하는 사람들 90%가 망하는 이유는 뭘까요?

매년 창업을 선택한 사람들이 무너지는 가장 큰 이유는 뭘까요? 내 상품/서비스를 모든 사람에게 알려야 한다고 생각하기 때문입니다. 예산이 부족할수록 우리는 우리 상품/서비스의 핵심고객 설정을 뾰족하고 구체적으로 해야 하며 핵심고객의 반응을 일으킬 방법을 구상해야 합니다. 이 과정에서 가장 보편적으로 접근해볼 수 있는 방법은 내 상품/서비스를 사용할, 이것이 필요한 고객의 모습을 정말 구체적으로 그려보는 것이죠. 한 사람을 정말 구체적으로 그려보는 것. 마케팅에서는 이것

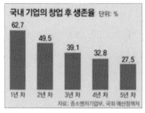

을 '페르소나 마케팅'이라고 합니다.

한번 생각해 봅시다. 과연 나의 상품/서비스가 이 세상의 모든 사람들을 만족시킬 수 있을까요? 과연 나의 상품/서비스가 이 세상의 모든 사람들에게 가치가 있을 수 있을까요?

맞아요. 모든 사람을 만족시키는 제품은 세상에 없어요. 그렇다면 정확한 핵심고객 분석을 통해 명확하고 구체적인 핵심고객이 이 상품에 충분한 가치를 느낄 만한 정보를 제공하고, 상품을 제공하는 것이 구매 전환율을 높이는 것이 아닐까요? 다음 5개의 질문들을 생각해보면 아주 구체적이고 정확한 한 고객의 모습을 그려볼 수 있습니다.

- 이 상품을 누구에게 파는 것인가?

- 그들은 어떤 사람들인가?

- 그들은 왜 내가 원하는 대로 움직이지 않는가?

- 내가 달성해야 할 구체적인 마케팅 목표는 무엇인가?

• 그리고 그것을 달성하기 위한 최적의 방법은 무엇인가?

자, 이제 누가 왜 사는지 아셨나요? 그렇다면 이제 그 사람을 만나러
가 봅시다. 다음은 고객 한 사람을 구체적으로 그려볼 수 있는 질문들입
니다.

• 내 제품은 누가 살까?
• 내 제품을 경험해본 후 너무 감동스러워서, 주변에 스스로 '이 제품 너무 좋
  아'라고 친구들에게 소개해줄 핵심고객이 누구일까?

이 핵심고객을 파악하려면 그 사람 자체가 되어봐야 합니다. 이 고객
의 일상에 들어가 이 고객이 일상에서 매일 경험하고 있는 모든 것을 구
체적으로 고객의 입장에서 상상해보고, 가능한 많은 부분을 구체화하여
경험해보거나, 고객에게 직접 들어봐야 하는 거죠. 이 부분을 가장 구체
적으로 해결할 수 있는 방법은 마케팅 교육 유튜브 채널인 '혜님TV'에서
도 다루었지만, 본 책의 뒷부분에서 좀 더 구체적으로 말씀드리도록 하
겠습니다.

액션 코치의 미션 TALK

아래의 질문 7가지는 고객의 구체적인 라이프스타일을 좀 더 쉽게 떠올릴 때에 큰 도움이 되는 질문들이다. (장인성, 『마케터의 일』 참고)

1) 그는 우리 상품 이전에 어떤 상품을 쓰고 있나요(있었나요)?

2) 어떤 방송 프로그램을 보나요?

3) 언제, 뭘 타고 어떻게 움직이나요?

4) 움직이는 동안 무엇을 보나요?

5) 누구의 영향을 받나요(스타, 드라마, 가족, 소속 등)?

6) 그의 관심사는 무엇일까요?

7) 그는 하루에 어떤 SNS 채널을 가장 많이 이용하며, 몇 시에, 어떤 활동 중에 내가 건네는 메시지를 보게 될까요?

질문들에 답을 해 보면서 나의 핵심고객의 라이프스타일을 더 깊이 이해하고, 그 사람에게 내 상품이 특히 어떤 도움이 될 수 있는지 지금 바로 생각해보자.

유튜브 시대,
유튜브로 쓰는 성공 신화

여러분은 1일 1깡 하셨나요, 3깡 하셨나요? 2020년 초, 2017년 발매 당시에는 큰 사랑을 받지 못했던 비의 노래 '깡'이 3년 만에 다시 역주행을 하기 시작하며 많은 관심을 받았습니다. 2018년 하반기부터 유튜브와 SNS에서는 흥행에 실패한 "깡의 '악명'을 직접 확인하자"며 콘텐츠 소비 열풍이 시작되어 '깡'을 따라 하는 패러디와 안무 커버 영상들이 올라왔죠. 특히 이 열풍으로 2020년 6월 7일 기준 '깡' 뮤직비디오의 조회 수가 1,300만을 돌파하며 '깡'의 리믹스 버전까지 차트 1위에 올라갔습니다.

"어머! 나 이번에 조회 수 100만 뷰 찍었어!"라는 말을 하고 싶으신가요? 그 말을 하기 위해서는 콘텐츠 마케팅을 직접 해 보셔야 합니다. 그중에서도 킬링 콘텐츠를 만들어야 하는 것이죠. 그렇다면 킬링 콘텐츠

란 무엇일까요? 나만의 차별화된 특별한 콘텐츠, 다른 곳에서 쉽게 보기 힘든 콘텐츠, 그리고 내 핵심고객들이 긍정적인 반응을 많이 보이는 콘텐츠입니다. 쉽게 말해 핵심고객의 반응을 최대치로 끄집어내어 빵 터트리는 콘텐츠죠.

킬링 콘텐츠의 성공 사례는 유튜브에서 특히 많이 볼 수 있습니다. 몇 개의 킬링 콘텐츠로 인해 빠르게 구독자층을 늘릴 수가 있기 때문이죠.

1 유튜버 라이프해커자청

인생의 공략집을 쉽게 풀어 설명해주며 절판된 책도 다시 출간되게 만든 유튜버, 라이프해커자청 님이 있습니다. 15만 명 이상의 구독자를 보유한 자청 님은 해당 영상에서 '전교 꼴찌 외모, 번번이 탈락하는 알바,

지방 야간대 F학점'이었던 과거 자신의 모습을 현재 '연봉 10억에 법인 3개 이상의 대표'로 바꿔준 5권의 심리학 책을 소개합니다. 이 영상은 비즈니스, 자기계발 분야에서 단기간에 65만 회라는 높은 조회 수를 기록하였고, '자청'이라는 사람에 대해 궁금해하는 팬층을 만들어냈습니다.

2 유튜버 신사임당

 회사를 때려치운 친구에게 쇼핑몰 창업을 하게 하여 대한민국에 스마트 스토어로 돈 벌기 열풍을 일으킨 유튜버 신사임당 님은 '창업 다마고치'를 키우는 콘텐츠로 76만 회 이상의 조회 수를 기록했습니다. 현재 구독자 77만 명 이상을 보유하고 있으며, 돈에 대한 관점을 풀어주는 콘텐츠를 다루며 100만 뷰가 넘는 영상도 무려 4개나 배출했습니다.

3 영국남자

 해외에 한국의 음식과 문화를 소개하는 콘텐츠로 한국인뿐 아니라 외국인에게까지 높은 관심을 받고 있는 영국남자 채널은 현재 387만 명 이상의 구독자를 보유하고 있습니다. 특히 한국의 대표적인 음식(삼겹살, 치맥, 컵라면 등)을 영국인 및 해외 유명 배우들에게 소개하며 그들의 반응을 엿본 콘텐츠들은 1,000만 회 이상의 킬링 콘텐츠로 많은 사람들에게 사랑을 받고 있습니다.

콘텐츠 마케팅이
그래서 뭐예요?

"야, 너두 영어 할 수 있어."라고 반짝반짝한 눈빛을 쏘며 손가락으로 시청하는 사람들을 가리켰던 조정석의 광고에 이끌려 '야나두'를 검색해보셨던 분 계시나요? 만약 여러분이 영어 포기의 원인을 자신의 탓으로 여기고 있는 상황에서 이 광고를 보았다고 가정해봅시다. 영어 포기의 원인이 학습자에게 있지 않다는 객관적인 정보들을 여러 차례 보여주는 광고에 공감하고 용기까지 얻게 되어 결제로 이어졌다면 여러분은 바로 콘텐츠 마케팅에 매료된 것입니다.

세계적인 마케팅 구루 세스 고딘Seth Godin은 "마지막까지 남는 마케팅은 콘텐츠 마케팅이다."라는 말을 한 바 있습니다. 세계 최대 콘텐츠 마케팅 그룹 CMI가 주최한 2019년 콘텐츠 마케팅 아시아포럼에서 연사로

섰던 신태순 대표도 저서『게으르지만 콘텐츠로 돈은 잘 법니다』에서 콘텐츠 마케팅에 대해 이렇게 이야기합니다.

"특히 고객에게 도움이 되는 폭넓은 콘텐츠를 발행하면서도 강점을 확실히 어필하는 뾰족한 콘텐츠가 있어야 충성도 높은 고객이 생기고, 제품에 대해 오해하는 고객도 줄어든다."

해당 포럼에 함께한 글로벌 브랜드 컨설팅 회사 스톤브랜드커뮤니케이션즈 박상훈 대표도 이제는 디지털 혁명시대 마케팅의 새로운 형태인 콘텐츠 마케팅으로 비즈니스 모델을 혁신해야 한다고 하였습니다. 이들이 이토록 강조하는 콘텐츠 마케팅, 도대체 이게 뭘까요?

콘텐츠 마케팅이란, 나의 핵심고객(내 상품을 이용했을 때 가장 도움을 많이 받을 수 있는 고객)에게 그들이 필요하거나 가치를 느끼는 정보를 제공함으로써, 계속해서 그들에게 내가 줄 수 있는 것을 콘텐츠를 통해 알리는 마케팅 방법입니다. 콘텐츠 마케팅의 핵심 2가지는 '고객의 참여도가 얼마나 높은지'와 '내가 고객에게 필요한 정보를 주고 있는지'입니다. 고객은 아시다시피 브랜드에서 제공하는 정보를 통해 이득을 얻게 될 때 브랜드에서 발행하는 콘텐츠에 반응을 많이 보이죠.

다음은 고객에게 도움이 될 만한, 고객이 관심 가질 만한 콘텐츠들을 고객에게 제공한 브랜드들의 콘텐츠 마케팅 성공 사례들입니다. 해당 브랜드의 콘텐츠들이 자신의 브랜드 성향에 맞게 브랜드의 고객들에게 적절한 정보들을 제공했는지 알아보며 다음의 성공 사례들을 함께 살펴볼게요.

1 야나두

'○○○연예인도 야나두로 영어 공부한대!'

야나두는 영어회화 교육 서비스 브랜드입니다. 고객이 재밌어할 만한 표현들, 일상에서 사용할 법한 표현들을 영어회화 콘텐츠로 제작하여 소비자들에게 많은 인기를 얻고 있죠. 특히 인스타그램 콘텐츠를 굉장히 잘 활용합니다. 외국인들이 한국 음식을 경험해보는 콘텐츠도 인기를 끌고 있는데요. 그야말로 야나두의 먹방 콘텐츠 추가는 신의 한 수! 핵심고객인 외국인들이 실제로 일상에서 어떤 표현을 쓰는지 볼 수 있게 영상에 자막까지 추가하여 보여줍니다.

'회사의 강점을 콘텐츠로, 일상 영어회화 콘텐츠를 실제 외국인들의 먹방 콘텐츠로 표현!' 이렇게 야나두처럼 하나의 콘텐츠로 우리 회사의 강점을 드러낼 수 있습니다. 그러면 소비자들에게 신뢰를 줄 수 있고 따로 홍보 콘텐츠를 만들지 않더라도 이 자체로 홍보성 콘텐츠가 될 수 있습니다. 야나두의 경우 아쉽게도 자체 유튜브 채널은 인스타그램에 비해 활발한 활동을 하고 있지 않습니다.

2 시원스쿨

'유재석, 강호동이 영어 공부한다는 곳?'

초보자도 따라만 오면 영어회화를 가능하게 해준다는 광고. 혹시 보신 적 있으신가요? 기초 영어가 필요한 분들을 대상으로 영어 교육 서비스를 제공하는 시원스쿨은 〈이거 어떻게 말해?〉와 〈영어회화 꿀 팁!〉을 시리즈 형식으로 제작하고 있습니다. 고객에게 필요할 만한 정보를 콘텐츠로 제공하고 있는데, 특히 인스타그램을 잘 활용하고 있습니다.

고객을 위한 콘텐츠를 공유하면서도, 인스타그램 계정 중간중간에 지속적으로 홍보성 콘텐츠까지 전달하고 있다 보니 자연스럽게 홍보 효과가 높아지고 있죠. 특히 카드 뉴스 마케팅에서 첫 번째 장을 짧고도 강렬하게 제작하여 궁금증을 유발합니다. 첫 번째 장에 들어갈 문구는 짧고도 강렬하게!

3 인사이트 뉴스

인사이트 뉴스는 통합 뉴스 계정 외에도 비즈니스, 패션, 스타일, 엔

터테인먼트, 푸드, 북스, 뷰티, 트래블(여행), 트렌드, 무비, 펫 등 각종 카테고리별로 계정을 나누었습니다. 각 카테고리별로 고객이 관심 있어 할 만한, 고객에게 필요한 각종 정보를 카드 뉴스 형태로 제공함으로써 고객이 조금 더 쉽게 관심 있는 소식을 접할 수 있도록 한 것이죠. 여기서 카드 뉴스 형태로 운영하는 것이 핵심 포인트입니다.

카드 뉴스이지만 화려한 이미지 테크닉이 들어가는 것이 아니라 첫 번째 장을 심플한 이미지와 호기심을 유발하는 메시지만으로 구성해서 다음 장으로 넘겨서 읽고 싶어지게 합니다. 콘텐츠 마케팅이라고 하면 화려한 이미지를 먼저 떠올리시는 분들에게 좋은 반대 예시가 되어 줄 수 있을 것입니다. 특히 인스타그램이 관심사, 해시태그 검색

기반, 이름 부분에 들어가는 키워드가 검색이 가능한 점을 고려했을 때 오피셜 계정을 성공적으로 운영하고 있는 사례로도 볼 수 있습니다.

4 원룸마트

앞서 나온 브랜드들의 콘텐츠들과 비슷하게 카피라이팅을 잘 적용한

쇼핑몰 브랜드에는 '원룸마트'가 있습니다. 원룸마트의 경우 인테리어, 홈 리빙 등 핵심고객층의 라이프스타일과 밀접하게 관련된 상품들을 소개합니다. 실수요 고객에게 친근한 환경의 이미지와 끌리는 카피라이팅을 적용하여 모든 게시글을 카드 뉴스 형태로 콘텐츠 발행을 하고 있습니다. 또한 해당 브랜드에서 어떤 제품이 판매되는지 업로드하며, 고객들이 자신의 마음에 드는 상품을 즉시 선택할 수 있도록 이끌어주고 있습니다.

액션 코치의 미션 TALK

앞의 사례들을 참고 삼아 내 사업의 SNS 콘텐츠 마케팅에 어떤 부분을 적용할 수 있을지 정리해보자. 책장을 넘기기 전에 지금 바로 3가지씩 정리해보자.

매출 100억 원 이상 브랜드의
인스타그램 훔쳐보기

와… 매출 100억? 말만 들어도 심장이 두근두근하죠. 이제 매출이 높은 브랜드들의 인스타그램 계정들을 살펴보겠습니다. 특히 브랜드의 인스타그램 계정에서 직접 진행해서 성공한 콘텐츠 마케팅 사례들을 보며 어떻게 이 성공 사례들을 우리 것으로 벤치마킹할 수 있는지 곰곰이 생각하며 읽어보세요. 이 에피소드의 마지막에는 고민하면서 읽으셨을 독자님을 위해 적용해볼 수 있는 포인트들을 정리해드렸습니다.

1 야놀자

다음 사진은 야놀자 인스타그램 계정의 "대신해드립니다"라는 콘텐츠입니다. 고객이 궁금해하거나 호기심을 가질 만한 부분을 브랜드가

대신해주는 콘셉트의 콘텐츠인데요, 이 콘텐츠를 보시면서 어떤 생각이 드시나요? 이 콘텐츠의 핵심은 철저히 '핵심고객의 필요'에 집중했다는 것입니다. 이 사례를 통해 우리 브랜드는 어떻게 '대신해드립니다'와 같은, '핵심고객의 필요'에 집중하는 콘텐츠를 만들어 볼 수 있을지 생각해 봅시다.

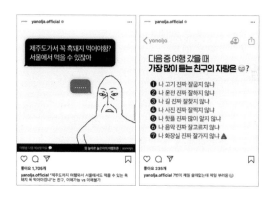

이전 페이지의 이미지는 야놀자 인스타그램 계정의 또 다른 콘텐츠입니다. 첫 장부터 강렬하게 공감할 만한 메시지를 통해 '재미'와 '공감' 두 가지 키포인트를 잡았는데요. 이 콘텐츠를 본 핵심고객은 어떤 액션을 취했을까요? 이렇게 유머와 공감의 요소가 충족되는 콘텐츠를 보면 대부분 친구에게 전송하거나 태그를 하는 등 자체적으로 공유 하는 액션을 취하게 됩니다. 우리 브랜드는 어떻게 적용해 볼 수 있을까요?

2 빙그레

B급 콘텐츠, 일명 병맛이라 불리는 마케팅으로 인기몰이 중인 빙그레 인스타그램 공식 계정입니다. 유머, 스토리, 취향 저격, 감성, 병맛 등 10~20대의 핵심고객이 좋아하는 요소를 성공적으로 담아내고 있습니다. 빙그레는 이런 B급 콘텐츠 마케팅을 통해 인스타그램 브랜드 마케팅을 성공적으로 이루어나가고 있는데요, 브랜드 계정 중 빙그레 인스

타그램은 핵심고객에게 호감적으로 다가가기에 댓글 반응이 상당히 뜨겁습니다. 너무 재미있어서 혼자 깔깔 웃다가 친구에게 공유해보고 싶기도 하고, 세심하지만 깨알 같은 캐릭터와 스토리는 감탄을 자아내기도 합니다.

3 빈폴

프리미엄 캐주얼 브랜드로 자리매김한 30년 역사의 빈폴. 빈폴의 공식 인스타그램 계정에 가면 놀라운 콘텐츠 마케팅 포인트들을 만나게 됩니다. 고객들에게 새로운 라이프스타일을 제시하는 아웃도어 의류 브랜드인 빈폴은 라이프스타일 제안에 제품을 함께 연결시키는 것이 인상적인데요. 예를 들어 다음 페이지 이미지처럼 빈폴의 세미 캐주얼룩을 입고 자전거와 함께하는 일상을 보여주기도 합니다.

또한 신학기를 맞이한 고객의 라이프스타일 사진을 보여주며, 신상품인 빈폴 키즈 백팩에 대한 이벤트를 진행하기도 하죠. 특히 아래 이미지에서 보시는 것처럼 고객의 댓글 반응을 뜨겁게 한 친구 소환 댓글 이벤트를 진행하며 고객이 이벤트에 참여하는 형식을 쉽게 만들었습니다.

특히 빈폴은 당시 핵심고객에게 인기 있는 연예인과 협업을 하여 인스타그램 마케팅을 위해 모바일에 최적화 된 동영상 광고를 제작하였고, 이를 인스타그램 스토리에 게재하였습니다. 이렇게 인스타그램 마케팅을 진행한 후 빈폴은 브랜드 인지도 상승과 전반적인 매출 상승뿐 아니라, 광고 동영상 조회율 2배, 구매 전환율 1.4배, 웹사이트 클릭률 16배 증가의 효과를 얻었습니다.

4 에스쁘아

한국을 대표하는 메이크업 브랜드인 에스쁘아는 이미지 마케팅, 컬러 마케팅을 굉장히 잘하는 것으로 알려져 있습니다. 에스쁘아는 특히 신제품 인지도 상승을 위해 인스타그램 마케팅을 활발히 진행하죠. 예를 들어, 고객이 원하는 제품이 무엇인지를 고객 참여를 통해 확인한 후 이를 상품 기획과 콘텐츠 개발에 반영하는 커뮤니케이션 전략으로 광고 효율을 극대화하였습니다. 또 에스쁘아는 고객이 얻고 싶어 하는 정보를 콘텐츠로 제공하기도 합니다. 예를 들어, 다음 페이지 이미지처럼 신제품 클렌저 타입에 대해 고객이 원하는 것을 물어보기도 합니다.

이와 비슷하게 에스쁘아는 고객이 기존 제품과 신제품과의 비교를 통해 신제품에 대한 정보를 원한다면 해당 콘텐츠를 제작하여 보여주기도 하였습니다. 이러한 콘텐츠 마케팅의 결과로 기존 제품과 신제품 모두 매출이 상승하여 파운데이션 카테고리 전체가 이전 분기 대비 판매 실

적이 2배 이상 상승하는 성과를 거두기도 했죠.

특히 에스쁘아는 고객의 목소리에 집중하기 위해 협업하는 인플루언서들에게 가이드를 제공하지 않고 신제품에 대한 솔직한 생각을 담아 다양한 콘텐츠를 제작하게 하는 '인플루언서 마케팅'이 활발합니다. 한 예로, 에스쁘아 브랜드 계정 안에서 다양한 인플루언서들이 그 시기에

출시된 다양한 제품을 사용하는 모습을 보여주고, 제품의 활용법도 보여줍니다. 또 에스쁘아는 이렇게 함께하는 인플루언서들을 #CrewSays 해시태그를 사용하여 그들이 상품에 대해 어떤 의견을 주었는지 그들의 사진과 동영상을 통해 보여줍니다.

에스쁘아에서 진행하는 이벤트의 경우, 이렇게 고객의 참여를 댓글로 유도하는 참여형 이벤트를 주로 진행하여 고객이 브랜드에 대한 의견을 더 적극적으로 낼 수 있도록 하고 있습니다.

5 비비고

한식에 대한 이해와 오랜 연구를 바탕으로 탄생한 글로벌 한식 대표 브랜드 비비고는 건강한 식문화를 추구하는 한식을 전 세계와 나누자는 목표를 가지고 있습니다. 인스타그램 비비고 브랜드 계정에서도 이미지 마케팅을 통해 한국 고유의 전통과 라이프스타일을 접목하여 한식

문화의 트렌드를 이끌고 있죠.

이처럼 브랜드의 상품을 게시글에서 사진이나 동영상 등으로 소개할 때 '먹고 싶어지는 음식'의 이미지로 만들어 드러내고 있습니다. 특히 게시글에 한글과 영어를 동시에 사용하여 상품을 소개하는 등 글로벌 팬들과도 소통하려는 노력을 하고 있어요.

비비고는 요식업 브랜드인 만큼 인스타그램 계정 콘텐츠도 브랜드의 상품들을 얼마나 더 맛있게 먹을 수 있는지 보여주는 레시피 등을 다루며 브랜드 계정의 전체적인 콘셉트와 맞게 콘텐츠가 어우러지는 것을 보여줍니다. 특히 신제품을 출시할 때 제품의 장점인 간편한 조리법과 뛰어난 맛, 품질을 핵심 키워드로 해서 이를 명쾌한 동영상 콘텐츠를 통해 보여주고 있는 것이 포인트!

비비고는 신제품을 성공적으로 시장에 자리잡게 하고 소비자의 구매 전환율을 높이기 위해 인스타그램 마케팅을 진행하였습니다. 상품을

포함한 레시피 등 핵심고객 맞춤형 콘텐츠를 통해 효율적으로 제품 인지도를 높이고, 소비자의 구매 행동을 이끌어내는 것에 마케팅 전략의 초점을 맞추었죠. 예를 들어, 신제품 출시 기간에 맞추어 핵심고객 소비자층을 공략하기 위해 인스타그램뿐 아니라 페이스북에 동시 게재를 하였고, 이를 통해 핵심고객 비용 효율을 높일 수 있었고 소비자에게 효과적으로 콘텐츠를 전달할 수 있었습니다.

예를 들어, '진한교자칼국수'의 경우 단일 품목 신제품이었음에도 불구하고 이전 페이지 이미지처럼 3가지 핵심 품질 메시지를 카탈로그로 분리하여, 소비자가 자신의 기호에 맞는 문구에 반응하여 클릭하면 제품 웹사이트로 바로 연결될 수 있도록 지원하였습니다. 앱에서 벗어나지 않고 간편하게 구매 가능한 환경을 소비자에게 제공한 것이죠. 이러한 마케팅 전략으로 비비고의 브랜드 선호도 및 구매 의향이 상승함과 동시에 해당 상품은 출시 6개월 만에 약 70억 원의 매출을 올리며 시장 성장을 주도하였습니다.

더불어, 이벤트를 통해 소비자와의 소통창을 늘리며 소비자의 일상에서 그들의 취향을 파악할 수 있는 이벤트를 마련하는 등 비비고는 한식 브랜드 선두주자로서의 입지를 더욱 굳히고 있습니다.

2015년 제니퍼 루비오, 스테파니 코리가 창립한 여행가방/캐리어 브랜드인 AWAY는 이미지 마케팅을 진행하며 여행에 대한 라이프스타일을 제시하는 브랜드입니다. 2018년 6월 5,000만 달러(약 550억 원)의 투자 유치에 성공한 AWAY는 소비자가 생각하고, 경험하고, 희망하는 '여행'에 초점을 맞춘 인스타그램 콘텐츠 마케팅을 펼치고 있습니다.

특히 AWAY의 인스타그램 계정에서는 전세계 사진가들이 사진을 찍은 곳들을 여행지로 소개하며 여행에 대한 콘텐츠를 다룹니다. AWAY가 정보와 공감을 이끌어내는 콘텐츠로 브랜드를 홍보하며 인스타그램 콘텐츠 마케팅을 성공시킬 수 있었던 이유는 자사

잡지에서 인스타그램 콘텐츠에 이르기까지 캐리어라는 상품 자체보다는 여행에 초점을 맞추어 이야기하고 여행에 공감해왔기 때문입니다. 앞서 말한 것처럼 캐리어가 이 브랜드의 주 상품인데, 여행 팁이나 장소 등을 소개하고 있는 것이죠. 이렇게 사람들의 라이프스타일과 콘텐츠가 연결되고 있는 것이 포인트입니다.

이러한 인스타그램 콘텐츠 마케팅을 펼친 결과 AWAY는 연 매출 1,800억 원을 달성하며 창업 4년 만에 유니콘 클럽에 입성하였습니다. 고객에게 의식 있는 철학과 가치를 공유하며 캐리어 회사가 아닌 '어웨이 라이프스타일'을 제시하는 여행 브랜드로 인식되게 한 결과이죠. 그리고 고객과의 소통 창구로 인스타그램의 '스토리' 기능을 활발히 활용하며 고객이 원하는 상품이 무엇인지 아이디어를 얻기도 하는데 이를 통해 우리가 고객과 할 수 있는 소통 방법이 다양하다는 것도 알 수 있습니다.

액션 코치의 미션 TALK

인스타그램 콘텐츠 마케팅은, 다양한 콘텐츠를 다루기보다는 내 고객들이 필요로 하는 요소들을 떠올려보면서 아이디어를 도출해내는 것이 중요하다. 고객이 적극적으로 참여하며 호감을 쌓을 수 있는 콘텐츠를 떠올려보자. 우리는 지금 여기에서 내 사업에 뭘 적용할 수 있을까? 스토리? 카피라이팅? 카드 뉴스? 나 대신 마케팅을 해줄 인플루언서와의 협업? 현재 나에게 도움 될 수 있는 포인트를 벤치마킹해보자.

특히 앞의 성공한 브랜드 계정들의 예시를 통해 인스타그램이라는 채널 자체를 파악하고 각각의 브랜드들이 하고 있는 고객 및 핵심고객과의 소통 방법을 생각해 보면 나의 계정에서 매출 증진을 위해 내가 현재 적용할 수 있는 점들이 보일 것이다.

고객과 소통하다
CEO가 된 사연

"고객분들이 제 파트너죠."

- 팔로워가 필요로 하는 화장품으로 시작해 320억 투자를 받고 120억
의 사옥을 세운 '티르티르' 이유빈 대표의 기사문 중에서

요즘에는 처음부터 브랜드를 바로 론칭하기보다는, 고객의 필요에 의
해 론칭하는 경우들도 참 많습니다. 대표적으로 이 절차를 밟고 있는 마
케팅이 인플루언서들이 중심이 된 브랜드 마케팅이죠. 처음에는 인플
루언서들이 자신의 SNS를 통해 사람들과 소통을 하고, 그 사람들이 자
신의 핵심고객이 되는 사례입니다. 그런 다음 핵심고객의 필요와 결핍
을 파악하고 제품을 론칭하게 되죠. 쉽게 말하면 처음에는 핵심고객과

소통이 활발하며 그들에게 영향력을 끼치는 인플루언서였고, 그다음에 그 인플루언서가 브랜드를 만들고, 인플루언서가 브랜드의 모델이자 CEO가 된 마케팅 성공 사례라고 볼 수 있습니다. 이런 경우 보통 상품 1,2개를 론칭하고 고객의 반응이 좋으면 아예 브랜드 하나를 론칭하는 경우가 많습니다. 고객의 필요에 따라 브랜드를 론칭했기 때문에 지금껏 고객과 지속적으로 소통하고, 관계를 쌓아온 이들은 성공할 수밖에 없는 것이죠. 따라서 지속적인 소통과 커머스 활동으로 핵심고객과 끈끈한 팬덤을 형성하게 됩니다.

대표적인 사례가 바로 브랜드 '티르티르'입니다. 고객의 의견이 제품 개발의 실마리라고 말하며 SNS 인플루언서에서 고객과의 지속적인 소통을 중시하는 뷰티 사업가로 성장한 티르티르의 이유빈 대표는 브랜드 론칭 이후 약 2년 만에 연 매출 300억 원을 달성하였습니다. 론칭 1년 만에 물광 화장품이 고객의 입소문을 탄 덕에 하루 매출 33억 원을 달성하기도 했죠.

실제로 이유빈 대표는 처음 뷰티 사업을 시작할 당시에 4만 명의 팔로워들과 함께 고민하며 제품을 개발하는 등 고객들의 니즈에 맞추며 고객과 함께 브랜드의 성장을 이끌어냈습니다. 티르티르는 자극 없이 온 가족이 사용할 수 있는 제품들을 론칭하며 고객들이 자발적으로 직접 나서서 입소문을 내는 브랜드가 되었고, 고객과의 활발한 소통을 통해 신뢰를 쌓는 것을 기본 방침으로 지키고 있습니다.

특히 과거에 1,000명 한정으로 선착순 반값 세일 이벤트를 열었던 티

티르티르 공식 인스타그램 계정 　　　 티르티르 이유빈 대표 개인 계정

르티르는 시스템 오류로 2만 건이 넘는 주문을 받게 된 적이 있습니다. 하지만 많은 사람들의 예상을 뒤엎고 주문을 취소하지 않았고 약 2만 건의 물품을 모두 배송하겠다고 하여 브랜드의 신뢰도를 향상시킨 바 있습니다.

　티르티르와 같이 긍정적으로 성장하고 있는 브랜드들도 많지만 양면성이 존재하는 브랜드들도 있습니다. 인플루언서로 시작한 브랜드의 경우 고객이 CEO를 신뢰하고 브랜드를 소비하는 성향이 강하게 나타나게 됩니다. 그렇다 보니 CEO가 치명적인 잘못을 하게 되면 브랜드 자체에 큰 영향을 주게 되고 한순간 모든 게 무너질 수 있습니다.

　모든 기업에서 CEO의 영향력이 브랜드에 많은 영향을 미치는 것이 사실이지만, 인플루언서로 시작한 기업은 대표가 마케팅의 중심에 서 있습니다. 또한 소비자가 소비를 결정하는 데에도 많은 영향을 끼치기 때문에 대체가 불가하며 더욱 치명적입니다. 그러므로 이와 같이 인플루언서로 먼저 성장하여 나만의 브랜드를 론칭하고자 하는 독자님은 이 점을 꼭 기억하셔서, 성공적인 브랜드 또는 1인 기업을 만드시길 바랍니다.

 액션 코치의 미션 TALK

앞의 브랜드를 보고 깨달은 점을 적어보자. 우리는 고객들과 어떤 관심사로 소통할 수 있을까? 우리 브랜드와 소통하는 팔로워, 핵심고객이 필요로 하는 상품/서비스는 무엇인가?

'내 머릿속에 저장'하고 싶은
카드 뉴스

다음 예시는 베스트셀러 저자이자 인스타그램 콘텐츠 마케팅으로 베스트셀러 역주행 기록을 세운 북테라피스트 권민창 작가의 인스타그램입니다. 권민창 작가의 글이 100만 뷰가 된 비법을, 직접 요청드린 인터뷰 내용을 토대로 풀어드리겠습니다.

6년 전 인스타그램 유저가 지금처럼 많지 않았던 시절, 블로그를 열심히 하다가 처음 인스타그램을 접하게 된 권민창 작가는 '책을 소개해주는 남자'의 콘셉트로 SNS를 시작했습니다. 책 사진과 함께 책 소개 글을 쓰는 콘셉트였는데, 이때 권민창 작가가 가장 고민했던 것은 '어떻게 하면 사진이 이목을 끌 수 있을까?'였죠. 그래서 피드를 깔끔하게 꾸미려 많은 고민을 하다가, 돋보기를 하나 구매해 밑에 천을 깔고 책 위에 돋보기를 올려놓은 콘셉트로 통일성 있게 만들기 시작했습니다. 책을 좀 더 자세히 들여다보겠다는 의미였죠. 그렇게 꾸준히 자료를 올리니 사람들의 반응이 이전 게시글들보다 훨씬 좋았고, 그런 식으로 인스타그램을 꾸며나가다 지금의 카카오톡 대화창 카드 뉴스 형식으로 정착하게 되었습니다.

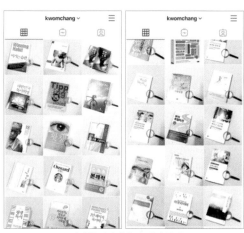

권민창 작가의 초기 계정 콘셉트

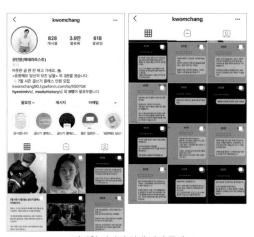

권민창 작가의 현재 계정 콘셉트

권민창 작가의 인스타그램에서는 따뜻한 자기계발성 메시지가 담긴 카드 뉴스가 노출이 굉장히 잘 되는 편입니다. 20~30대 여성이 주를 이루는 이 계정에서는 손에 잡히지 않는 멀리 있는 것들에 대한 이야기보다는 기본적으로 일상에서 우리가 변화할 수 있는 것들, 느낄 수 있는 것들, 배울 수 있는 것들에 대한 글들이 정말 좋은 반응을 보이죠.

한 예로, '말을 예쁘게 하는 사람들의 특징'이라는 카드 뉴스는 좋아요 2만 개 이상, 도달률이 200만이 넘었습니다. 이 밖에도 100만 명 이상에게 노출된 글이 10개 정도가 됩니다.

권민창 작가는 특히 인스타그램으로 콘텐츠 마케팅을 하기 전과 후의 성과적인 부분이 수치로 설명할 수 없을 정도로 크다고 말합니다. 책 『응원해요 당신의 모든 날을』의 경우, 인스타그램으로 콘텐츠를 쌓으면서 이전에 썼던 책들에 비해 매출 반응이 훨씬 높아졌고, 인스타그램 안에서만 글쓰기 클래스 수강생이 30명 넘게 모였습니다. 권민창 작가는 콘텐츠 마케팅 성공의 비밀을 핵심고객과 소통하고, 그들이 좋아할 만한 콘텐츠를 만들어 간접 홍보를 한 것이라고 이야기합니다.

자, 고객의 반응도를 높이는 카드 뉴스 콘텐츠의 비밀을 알았다면, 노출도를 더 높이는 방법을 한번 알아보도록 하겠습니다. 내가 발행한 콘텐츠 중 좋아요, 댓글 수, 북마크 수 등에서 반응이 좋은 콘텐츠의 경우 인스타그램에서 페이스북 계정을 통해 스폰서 광고를 돌려 홍보를 더 활발히 진행할 수 있습니다. 이에 대한 예로, 저자 안혜빈이 발행했던 카드 뉴스 중 하나를 살펴보겠습니다.

실제로 안혜빈 대표는 카드 뉴스를 주기적으로 꾸준히 발행하던 중, 특정 카드 뉴스 콘텐츠에 대한 북마크 저장 수가 며칠 만에 100개 이상으로 높아지는 것을 확인하고 인스타그램 스폰서 광고를 진행하였습니다. 스폰서 광고를 진행 후 현재 북마크가 500개 이상이 되며, 이는 핵심 고객이 필요로 하는 콘텐츠임을 수치적으로 보여주고 있습니다. 아, 여기서 잠깐! 스폰서 광고를 진행할 때에도 아무 콘텐츠나 스폰서 광고를 신청하게 되면 경우에 따라 홍보 자체가 승인되지 않을 수 있습니다. 꼭 알아두면 도움 될 키포인트 3가지를 공유해드립니다.

Point 1 시각화할 수 있는 것은 최대한 시각화할 것

스폰서 광고는 글씨가 많은 이미지를 상업적이라고 인식합니다. 사진 안에 들어가는 글자 수는 최소화해야 합니다.

Point 2 게시글에도 글을 짧게 게시할 것

사진뿐 아니라 함께 올리는 텍스트 게시글에도 글을 최대한 짧게 써야 합니다. 마찬가지로 인스타그램 스폰서 광고는 글자 수가 많은 글은 상업적이라고 인식하기 때문입니다. 여러 콘텐츠를 테스트해본 결과, 평균적으로 5줄 이내의 글이 홍보 승인이 잘 됩니다.

Point 3 진행 전 꼼꼼한 확인 필수

버튼 몇 번만 누르면 광고가 진행될 수 있기 때문에 타겟팅이나 기간 설정을 꼼꼼히 확인하지 않으면 불필요한 지출이 더 늘 수 있기 때문에 주의해야 합니다. 또한 한 번에 큰 비용으로 광고를 집행하기보다는 타 겟팅과 비용을 다양하게 책정하여 여러 개의 광고를 집행해 본 뒤, 가장 반응이 좋은 광고 케이스로 집중해서 광고를 집행하면 효율적으로 스폰서 광고를 할 수 있습니다.

이러한 포인트들을 잘 활용하기 위해서는 내가 전달하고자 하는 것을 어떻게 10장이라는 카드 뉴스 안에서 핵심적으로 전달할 수 있을지 생각해봐야 합니다.

액션 코치의 미션 TALK

내 고객들이 좋아할 만한 콘텐츠를 지속적으로 만들 수 있는 핵심 비법은 '매력을 키우는 것'이다. 매력을 보여주었을 때 반응을 살피며 나에게서 어떤 점을 좋아하는지 파악하고 그 부분에서 지속적으로 만족을 줄 수 있도록 노력하는 것이다. 인사이트로 좋아요와 댓글, 북마크 반응을 분석하면서 나의 핵심고객, 팔로워가 긍정적 반응을 보였던 게시글을 분석해 보자. 만약 현재 계정에 대한 반응이 좋지 않다면, 왜 그러한지, 어떻게 보완하면 좋을지도 분석해 보자.

얼굴 노출하지 않고 인스타그램으로 수익을 낼 수 있나요?

"마케팅은 배우고 싶은데, 게시글에 '나'나 '우리 아이'를 노출하고 싶지는 않아요."

"저는 외모에 자신이 없어요."

'외모 노출'은 인스타그램과 같은 SNS 마케팅을 이제 막 시작하시는 분들이 주로 하는 고민입니다. SNS를 이용해서 재택 부업이나 내가 판매하는 상품, 서비스를 홍보하고자 할 때 반드시 나 자신을 오픈 해야 하는 것인가를 고민하시는 거죠. 육아를 하시는 분들도 나의 아이를 꼭 오픈 해야만 하는지를 많이 고민하시고 불편해하십니다. 이것은 단순히 내 사진을 게시글에 올리고 올리지 않고의 문제가 아닙니다. 잠재 고객의 입장에서 생각해 보았을 때 '노출'에 대한 부분은 신뢰도와 연관될 수 있기 때문입니다. 즉 쉽게 생각한다면 이 사람(브랜드)이 어떤 사람인지 알고 구매를 하는 것과 아닌 것의 차이가 되는 것이죠.

물론 종종 마케팅 강연을 들으러 가면 우스갯소리로 이런 이야기를 하는 강사도 있습니다. "SNS 마케팅은 럭셔리하고 자극적인 것을 노출시키면 성공합니다." 이렇게 생각하시면 절대 안 됩니다. 지금부터 정말 중요한 것을 알려드리겠습니다. 왜 이런 말이 나오는 걸까요? 아마 지금 이 책을 읽고 계신 독자님도 인스타그램이나 SNS를 하기 두렵고 막막한 이유 중 하나가 '외모'에 대한 부분이 있을 수 있다고 생각합니다. 인스타그램 속엔 소설 속 주인공 같은 분들이 너무나 많죠. 저는 마케팅을 하는 데에 있어 '외모'보다 더 다양한 부분을 통해 수익을 창출하고 자신의 목표를 달성하는 사람들을 수없이 많이 보았습니다.

우리가 잘 아는 인플루언서를 조금만 생각해봐도 '외모만 매력적인 사람'이 아니라는 것을 알 수 있어요. 외모만 보면 지극히 평범한 사람처럼 보이는데, '굉장히 매력적이고 끌린다.' '계속 이 사람의 일상을 보고 싶다.' '신뢰가 간다.'라는 인상을 주는 분들이 대부분입니다. 즉 마케팅을 하는 데 있어 나의 외모보다 신뢰와 매력을 보여주는 것이 더 중요한 일입니다. 사람이 사람에게 끌리는 요인에는 정말 많은 것들이 작용할 수 있는데요. 외모가 100%를 차지하는 것이 아니라는 말이죠. 오히려 이익, 공감, 유머, 배움 등 팔로워에게 도움 되는 것을 지속적으로 공유해 주는 것이 가장 중요합니다. 그럼, 외모나 얼굴을 게시글에서 노출하지 않고 인스타그램으로 수익화를 이룬 계정들을 살펴보겠습니다.

이 계정은 현재 ㈜에이치비즈의 자회사로, 홈비즈마케팅협회와 요식업 전문 마케팅 자문 및 대행을 함께하고 있는 맵찔이@mapzzil 님의 포트폴리오 계정입니다. 계정을 수익화하는 데는 별도의 컨설팅이 있었지만, 순수하게 이 책에서 이야기하는 팔로워 늘리기 방법만으로 1달 만에 핵심고객 1,000명 및 댓글 100개 이상의 반응도를 이뤘습니다. 계정

에 진성고객이 많이 모이자 4주 만에 디엠으로 음식점 협찬 제안이 오는 등 음식 업계의 주목을 받기 시작했습니다. 이전 페이지 아래 이미지는 맵찔이 님이 계정을 키운 지 약 1달 후 올린 것입니다. 특히 집에서 먹을 수 있는 음식을 주로 콘텐츠로 다루는 계정이기에 댓글 반응도를 보면 '집밥'에 관해 팔로워들과 활발히 소통하고 있습니다.

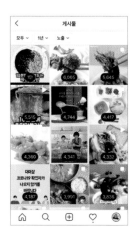

진성고객을 많이 끌어오고 싶어 하시는 독자님을 위해 한 가지 팁을 드리려 합니다. 오른쪽 맵찔이 님의 계정에서는 게시글의 노출도가 평균적으로 몇 천대가 많습니다. 특히 노출도를 꾸준히 끌어올리고 싶으신 분들은 인스타그램과 연동되는 IGTV를 콘텐츠를 올리는 플랫폼으로 적극 활용하시는 것을 추천드립니다.

실제로 맵찔이 님의 계정에서도 처음 IGTV에 동영상 게시글을 올렸을 때에는 노출도가 높지 않았다가, 1달 정도 후에 노출도가 다음 이미

지처럼 1만이 넘는 등 해당 콘텐츠를 보고 찾아오는 잠재 고객이 많아진 것을 확인하실 수 있습니다. 심지어 현재 발행한 게시글 중 IGTV 콘텐츠가 게시글 중 노출도가 가장 높은 것도 보실 수 있죠.

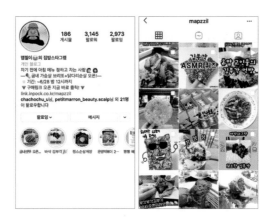

이렇게 맵찔이 님은 얼굴을 계정 피드에 노출시키지 않고 해당 계정으로 포트폴리오를 쌓아 브랜드 마케팅 대행을 하고 있을 뿐 아니라 셀러로서 인스타마켓 창업까지 진행하고 있습니다. 고객들이 좋아할 만한 상품들을 꼼꼼히 고르는 것은 계정 속 일상 글들을 통해 확인할 수 있는데요. 상품에 대한 신뢰를 느낄 수 있도록 고객 참여형 이벤트 및 댓글 소통, 큐레이션 콘텐츠 등을 진행하고 있습니다.

다음은 홈비즈마케팅협회 마케팅 부서 막내 사원의 계정입니다. 입사 후 매일 조금씩 마케팅에 대해 알아가게 되면서 일주일에 틈틈이 3시간 정도를 들여 키운 단짠이의 먹스타그램 계정이에요. 단짠이란 '단짠단짠'이라는 유행어에서 비롯된 말인데요. 핵심고객층 사이에서 유행하는 언어를 캐릭터화 하여 운영 중입니다.

서울에서도 특정 지역의 식당들을 리뷰하며 음식 중에서도 외식에 관련해 콘텐츠를 쌓은 계정이죠. 특히 이 계정에는 특정 음식점들에 대한 사진, 동영상이 콘텐츠로 있어 해당 음식점에 대한 정보를 얻고자 하는 분들이 계정에 지속적으로 유입이 됩니다.

그에 대한 증거로 다음 이미지처럼 게시물

을 저장하거나, 게시글 자체를 친구에게 보내는 기능을 활용하여 콘텐츠를 소비하는 것을 볼 수 있습니다. 실제로 이 계정을 운영하는 단짠이님은 디엠을 통해 음식점들로부터 협찬 제안을 받고 있으며, 해당 계정을 통해 소상공인부터 프랜차이즈까지 다양한 외식 브랜드들과 협업을 하고 있습니다.

마지막으로 소개해드리고 싶은 계정은 얼굴을 크게 노출하지 않고 다양한 라이프스타일을 공유하는 계정이에요. 특정 카테고리에 한정된 것이 아닌 홈리빙, 인테리어, 주방용품, 식품, 유아용품 등 여러 카테고리의 상품으로 인스타마켓을 운영하고 계신 셀러님의 계정입니다. 특히 따뜻한 파스텔 톤의 컬러로 통일감을 주는 이 계정은, 감각적인 비주얼 마케팅을 통해 핵심고객들의 공감을 이끌어내며 진성 소통을 하고 있습니다.

인스타그램 마케팅을 컨설팅 하다 보면 이런 질문을 종종 듣습니다. "인스타그램 마케팅은 예쁜 애들만 잘하는 것 아닌가요?" 보통 인스타그

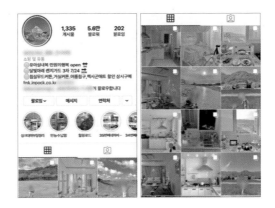

램 인플루언서라고 말하면 연예인 뺨치는 쇼핑몰 모델, 디자이너 등 뷰티/패션 업계에 종사하는 사람들을 떠올리는 경우가 많습니다. 그런데 요즘은 마이크로 인플루언서들의 시대입니다. 특히 팔로워가 3,000명이 안 되는 경우에도 협찬을 받거나 공동구매를 하며 셀러 활동을 하는 인플루언서들이 점점 더 많아지고 있어요. 이들은 어떻게 1만도 안 되는 팔로워로 수백만 원, 수천만 원의 매출을 낼 수 있었을까요? 그리고 기업(브랜드)은 뭘 믿고, 또는 뭘 보고 이 사람들에게 자신의 상품을 판매해도 좋다고, 또는 판매해달라고 부탁을 하는 걸까요?

우리는 이미 앞에서 배워 답을 알고 있어요! 자, 가만히 눈을 감고 3초 동안 생각해볼게요. 답이 떠오르셨나요? 답은 바로 '핵심고객 설정'입니다. 이들의 팔로워는 이미 브랜드가 원하는 핵심고객으로만 구성되어 있는 상태인 거죠. 사실 더 나아가 브랜드는 이 계정의 주인이 자신의 팔로워들(브랜드가 원하는 잠재 고객들)과 얼마나 활발하게 교류가 이루어지고 있는지를 봅니다. 이를 볼 수 있는 기준으로는 좋아요 개수나 게시글에 달리는 댓글 등이 있습니다. 따라서 브랜드들은 인플루언서와 협업을 할 때 단순히 팔로워가 많은 계정이 아닌, 현재 브랜드와 콘셉트가 연결되며 핵심고객군과 활발히 교류 하고 있는 계정을 콘택트하셔야만 합니다. 이게 바로 누이 좋고, 매부 좋고! 브랜드에 필요한 핵심고객과 깊은 관계를 유지하고 있는 마이크로 인플루언서가 브랜드와 협업할 수 있었던 포인트입니다.

액션 코치의 미션 TALK

나의 핵심고객들은 어떤 공통점을 가지고 있을까? 그들이 나와 어떤 소통을 했을 때 반응이 더 높았는지 떠올려보자. 또한 나와 비슷한 특징을 가지고 있는 계정에 서 좋은 반응을 찾아보면서 나에게 적용할 부분이 있는지 생각해보자.

인스타그램 개인 계정 할까요?
브랜드 계정 할까요?

독자님, 혹시 인스타그램을 처음 시작하실 때 어떤 식으로 개인 계정을 운영했는지 기억하시나요? 아마 일기장처럼 운영하신 분들이 대부분이었을 겁니다. '소셜 네트워크 서비스'라 이야기하는 인스타그램. 목적에 따라 운영 방법도 다를 텐데 이를 알려주는 곳은 없습니다. 또 남들 하는 것 보고 대충 따라 해 보려고 하는데… 다들 먹고, 놀고, 사는 것 위주로 올리다 보니 목적은 다르지만 나도 왠지 그렇게 운영해야만 될 것 같은 생각이 들죠. 그러다 보면 인스타그램으로 마케팅을 해야 하는데 일기장처럼 매일 일상만 올리다 아무 성과를 보지 못하고 '아, 인스타그램은 너무 어렵고 막막해. 나랑은 안 맞는 것 같아.' 하며 그만두고 싶어집니다.

인스타그램으로 마케팅을 해야 하는 사람이라면 이제는 인스타그램도 목적에 맞게, 이용자들을 파악하여 운영할 줄 알아야 합니다. 인스타그램을 일기장처럼 내가 끄적이고 싶은 것을 적는 도구로만 사용하는 것이 아닌, 고객이 원하는 것, 알고 싶어 하는 것, 보고 싶어 하는 것, 듣고 싶어 하는 것, 알면 좋을 것, 필요로 하는 것을 고객에게 지속적으로 드러내고 전달해야 하죠. 결국 여기서도 본질은 고객이에요. 고객이 원하는 것에 초점을 맞추어 계속 고객이 원하는 콘텐츠를 생산하고 보여주어야 합니다. 마케팅을 잘하느냐 그렇지 않느냐는 결국 고객을 얼마나 이해하고 있느냐에서 갈립니다.

브랜드가 운영하는 인스타그램 계정 중 브랜딩이 잘된 계정에서는 상품/서비스가 핵심고객에게 어떤 이익을 줄 수 있을까를 생각한 후에 고객들이 흥미를 느낄 만한 요소들로 지속적인 콘텐츠 마케팅을 진행하고 있음을 확인할 수 있습니다. 즉 고객이 브랜드 계정을 통해 어떠한 긍정적인 경험을 얻을 수 있는지를 다방면으로 고민해야 합니다.

이를 잘 진행하고 있는 브랜드 계정이 바로 '빙그레'입니다. 유쾌한 콘텐츠로 마케팅 신드롬을 일으키고 있는 빙그레는 브랜드를 '빙그레우스'라는 캐릭터로 의인화함으로써 소비자에게 더 친근하게 다가가고 있습니다. 동시에 빙그레에서 나오는 인기 상품들을 빙그레우스의 몸에 두르는 의상 및 소품으로 소개하여 더 기억에 남을 수 있도록 하고 있어요. '광고인 듯 광고 아닌 광고 같은 너!' 대놓고 하는 광고지만, 유머러스한 요소와 스토리를 통해 기분 좋게 소비 욕구를 자극해줍니다. 브랜드 계정이지만, 개인 계정처럼 느껴지도록 운영하고 있어요. 인스타그램 플랫폼의 특징과 이용자들의 특징을 아주 잘 파악하여 마케팅하고 있는 성공 사례입니다.

좋은 예시로 다음의 '비비빅 흑임자' 신상품 출시 광고를 함께 보겠습니다. 유머러스한 글을 통해 고객이 웃으며 댓글을 달고 싶어지게 하죠. 그리고 지인에게 '이것 좀 봐'라고 태그, 공유하고 싶어지는 콘텐츠를 만들어내고 있습니다.

이렇듯 개인 계정을 운영할지, 브랜드 계정을 운영할지 고민이시라면 다음을 참고해주세요.

1. 비즈니스 to 비즈니스로 이용자들의 직접적인 매출 전환이 아닌 제품 카탈로그, 포트폴리오로 이용 or '있어빌리티'가 목적인 경우

→ 깔끔한 회사 브랜드 계정으로 운영. (핵심고객과 연관성이 높은 인플루언서와의 협업 이벤트를 통해 팔로워를 늘릴 것)

2. 핵심고객, 이용자들의 직접적인 참여와 소통, 매출 전환이 목적인 경우

→ 빙그레처럼 캐릭터나 서비스, 개인 등을 통해 개인이 운영하는 듯한 브랜드 계정으로 운영. (스토리가 있어야 하며, 직원 관점, 대표 관점, 의인화, 일상 공유, 참여 유도 콘텐츠, 이벤트 등을 통해 팔로워를 늘릴 것)

3. 개인 계정, 인플루언서처럼 계정을 운영하며 적은 시간 운영, 빠른 반응도, 높은 참여율, 자연스러운 소통과 매출 전환이 목적인 경우

→ 1인 기업이나 인스타그램 마켓, 쇼핑몰 운영자들에게 적합하며 앞의 두 방법보다 빠르고 직접적인 매출 전환이 장점. 단점은 일상 노출이나 사적인 영역의 노출 범위가 앞의 두 경우보다 많다는 것. 가장 큰 장점은 잘 진행했을 경우 앞선 두 방법보다 신뢰도를 높게 쌓을 수 있고, 콘텐츠에 대한 높은 참여율, 긍정적인 매출 전환을 이끌어낼 수 있음.

액션 코치의 미션 TALK

내 계정을 핵심고객의 입장에서 점검해 보는 시간을 가져보자. 더 긍정적인 반응을 이끌어 내기 위해 어떤 요소가 부족한지, 보완 방향을 분석해 보자. 재미, 유머, 공감, 배움 등을 줄 수 있는 이미지나 사진, 글을 쓰기 위한 노력이 필요하다. 오늘부터 게시글을 올리기 전에 이 부분은 반드시 짚고 가자.

CHAPTER 2

마케팅과 손잡기

마케팅 실전 기술 따라 하기

STEP 1

하루 3시간으로 고객 100명의
마음 흔드는 법

혹시 디지털 노마드라는 단어 들어보셨나요? 프랑스의 경제학자 자크 아탈리가 1997년 출간한 책 『21세기 사전』에서 처음 소개한 용어인데요. 노트북이나 스마트폰 등을 이용해서 시간과 장소의 구애를 받지 않고 언제 어디서든 내가 원할 때 원하는 장소에서 업무를 보는 사람들을 의미해요. 사실, 이 디지털 노마드란 단어의 의미만 보면 마케팅을 하는 사람들에게 가장 이상적인 모습입니다. 이런 이상적인 디지털 노마드의 삶을 추구한다면, 최소의 시간으로 최대 매출 전환 성과를 내는 방법에 대해서도 늘 고민을 해야 합니다.

그런데 여기에서 질문을 하나 드려볼게요. 과연 최소 시간의 기준은 얼마일까요? 포털사이트나 인스타그램에서 재택근무, 디지털 노마드와 같은 키워드를 검색하다 보면 하루 1시간 투자로 월 얼마 이상을 벌 수 있다는 자극적인 홍보 문구를 접할 수 있습니다. 하지만 실제로 재택에서 투잡, 부업을 하시는 많은 분들의 경우 이런 홍보 글을 보고 '나도 이것만 시작하면 저 사람처럼 여유로운 삶을 살 수 있겠지!' 하는 마음으로 시작했다가 진행하는 과정에서 결코 쉽지 않다는 것을 알게 되고 그만두는 경우도 많습니다. 홍보 글에서 말하는 것처럼 하루에 1시간 투자로 월 100만 원 이상의 돈을 벌 수 있다는 것이 결코 쉽게 되는 일이 아니라는 것을 알게 되기 때문이죠.

분명한 것은 어떤 일이든 초반에 기틀을 다지기 위해서는 어느 정도 투자가 필요하다는 사실입니다. 그것이 금전적인 투자이든 시간적인 투자이든, 투자가 있어야 성과도 나오게 됩니다. 사실 경제적 상황이 여유로워서 비용을 들여 퍼포먼스 마케팅을 한다면 초반에 좀 더 쉽게 기반을 잡을 수도 있습니다. 물론, 전문가와 함께 제대로 했을 때를 기준으로요. 그게 아니라고 했을 경우, 시간 투자는 필수적이라고 할 수 있어요. 대부분의 1인 기업, 프리랜서, 무자본 창업가이신 분들이 마케팅을 하고자 할 때는 굳이 시작부터 돈 들이는 것을 권하지 않습니다. 왜냐하면 시간 투자라는 것이 몇 날 며칠을 마케팅에만 매달려야 하는 것은 아니기 때문이에요.

분명히 마케팅에도 적은 시간을 투자하면서도 효율을 높이는 방법이 있기에 이제 그 이야기를 하고자 합니다. 지금부터 이야기하는 내용이 쉽지는 않으실 겁니다. 다만, 다음의 두 가지 방법을 내 사업에 적용하실 경우 나의 핵심고객을 효율적으로 만나고 온라인상에서 효과적으로 매출을 올릴 수 있으실 겁니다.

첫째, 핵심고객을 세분화하여 설정해야 합니다.

대부분의 마케팅 스타터들이 깊게 생각하지 못하는 부분이 바로 '이것' 인데요. 섬세하고 뾰족한 핵심고객을 설정하는 것은 반드시 필요한 작업 입니다. 처음 마케팅을 시작하시는 분들의 입장에서는 가능하면 '많은 사 람들에게 알리면 더 좋은 것 아닌가?'라고 생각하실 수도 있어요. 특히 건 강식품이나 화장품 판매하시는 분들 이야기를 들어보면 제품이 마치 모 든 사람에게 도움이 되는 '만병통치약' 같은 느낌을 줍니다. 이럴 경우 소 비자 입장에서 설득이 될까요? 나에게 꼭 필요하다는 생각이 들까요? 나 는 관절이 아파서 제품을 알아보고 있는데, 몸 구석구석 모든 곳에 좋다 고 하니 왠지 '내가 겪고 있는 관절 통증엔 효과가 미미하지 않을까?'라는 생각이 들게 합니다. 『돈 잘 버는 사장의 24시간 365일』의 저자이자 일본 매출의 신이라 불리는 고야마 노보루도 이런 이야기를 했었죠. 이것저것 다 잘한다는 말은 잘하는 게 아무것도 없다는 말과 같다고요.

또 이렇게도 생각해봅시다. 주변에 아동복과 아동 관련 잡화를 주요 상품으로 취급하는 지인이 있다고 생각해볼게요. 자신의 브랜드를 무 조건 많은 사람들에게 알리겠다는 목적으로 핵심고객층을 미혼 여성, 남성들까지 설정하여 미혼인 나에게도 홍보를 한다면, 과연 그 홍보에 서 구매 전환까지 이어지는 비율이 얼마나 될까요? 이제 막 마케팅을 시 작하는 경우에는 저비용으로 효율을 최대한 높이는 것이 가장 중요한데

이럴 경우 마케팅에 들어가는 시간적 투자, 비용적 투자 대비 높은 효과를 기대하긴 어렵습니다. 노동과 투자 대비 구매 전환율도 낮을 수밖에 없어요. 100명에게 100만 원을 투자하여 온라인상에서 전단지를 돌렸는데 단 1명도 구매 전환이 일어나지 않는다는 거죠.

그렇다면 이런 경우, 구매 전환율을 높이기 위해서 핵심고객층을 어떻게 설정해야 할까요? 해당 브랜드에서 5세 정도까지 아이들을 대상으로 아동복이나 잡화를 취급한다고 생각해볼게요. 그 나이대 유아를 키우고 있는 엄마들이 모여 있는 곳을 찾기 위해, SNS에서 #5세아이, #얼집등원 등 비슷한 나이대 유아동 관련 해시태그를 이용해서 검색으로 핵심고객층을 찾는 것이죠. 또한 각 지역별 맘 카페와 커뮤니티에 소속되어 있는 육아맘들을 대상으로 100명에게 100만 원을 투자하여 광고를 한다면, 이번에는 결과가 훨씬 좋을 것입니다. 물론 이러한 커뮤니티에 비용 투자 없이 홍보를 하는 방법은 무수히 많아요.

둘째, 거인마케팅 방법이 있습니다.

수강생들에게 주로 강조하는 방법이고 실제 이 방법을 활용하면 적은 시간 아주 높은 구매 전환율, 반응도 높은 고객 소통을 이끌어 낼 수 있습니다. 이제 마케팅을 시작하는 입장에서 핵심고객층을 내 플랫폼에 모으는 경우 이미 나와 핵심고객이 비슷한 곳을 먼저 찾아보는 것이죠. 인플루언서가 될 수도 있고 아주 활발한 커뮤니티 카페, 밴드가 될 수도 있습니다. 그리고 그들에게 내 상품이나 서비스를 협찬해 주거나 공동구매로 협업하기, 제품 개발이나 개선을 함께하기(참여) 등 그들의 영향력과 함께 시너지를 내는 방식이에요.

인플루언서의 영향력을 이용하는 경우, 이미 해당 인플루언서를 팔로우 하는 팔로워들은 자신들이 팔로우 하는 인플루언서에 대한 신뢰가 형성되어 있는 상태입니다. 즉 인플루언서가 먹는 것, 입는 것, 가는 곳 등에 대해서도 비교적 신뢰도가 높은 편인데요. 바로 그런 점에서 시너지를 내는 것입니다. 아직 내 상품/서비스에 대한 신뢰도가 비교적 낮은 상태에서도, 거인마케팅을 잘 활용한다면 그들의 영향력과 함께 튼튼한 고객층을 만들어 나갈 수 있습니다. (전제 조건은 핵심고객이 꼭 만족할 만한 상품/서비스가 되어야 합니다.)

다만, 주의할 점은 팔로워가 수십만 이상 되는 메가 인플루언서의 경우 이러한 제휴, 협업 문의를 넘치게 받고 있다 보니 좋은 제안이나 얼리어답터로서 '내가 먼저 이 제품을 시장에 알리고 싶다.'라는 생각이 들 정도로 차별화가 되어 있는 경우에 더 유리합니다. 그래서 팔로워 1,000명에서 5만 미만의 마이크로 인플루언서 여러 명과 함께하는 것도 대안이 될 수 있어요. 오히려 메가 인플루언서보다 팔로워들과 소통이 더 잘되고 댓글이 50개, 100개씩 꾸준히 달리는 계정에서 구매 전환이 더 높게 나타나기도 합니다.

또 하나 거인마케팅을 활용하는 방법으로, 나의 핵심고객을 모으는 과정에서 나와 핵심고객이 겹치는 커뮤니티나 인플루언서의 팔로워들과 소통하는 방법이 있습니다. 이게 무슨 말이냐고요? 앞에서 예로 든 것처럼 내가 유아동을 대상으로 아동복, 잡화를 취급하고 있다면, 나와 비슷하게 핵심고객을 구성하고 있는 인플루언서 계정이나 커뮤니티로 가서 해당 공간에서 소통하고 있는 팔로워들을 대상으로 소통을 하면서 그들을 나의 팔로워로 만드는 방법이죠. 빼앗는 것이 아니라, 함께 소통하는 겁니다. 나와 카테고리가 비슷한 브랜드도 될 수 있고요.

예를 좀 더 구체적으로 들어보겠습니다. 내가 화장품 브랜드를 이제 막 오픈했는데 인스타그램에서 선홍보를 하려고 합니다. 그런데 내 계정엔 예쁘게 피드를 꾸며 놓기만 했지 팔로워도 없고 사람들이 내 브랜드에 관심도 없어요. 이때 인스타그램으로 고객과 활발히 소통하며 내 브랜드와 핵심고객층, 콘셉트가 겹치는 브랜드 계정을 여러 개 찾습니다. 혹은 인플루언서, 뷰티 마켓을 진행하는 분을 찾아요. 그리고 그 브랜드의 계정에서 댓글이나 좋아요를 통해 활발히 소통하고 있거나 이벤트 참여자, 공동구매 고객 등을 파악하여 나도 소통을 진행합니다. 그렇게 되면 인스타그램 내에서 먼저 '긍정적인 구매 경험'이 있고 관심사도 비슷한 고객은 소통을 진행한 내 계정에 들어왔을 때 관심을 가질 확률이 더 높아집니다. 그리고 빠르게 이벤트나 스폰서 광고, 제휴, 협찬을 통해 내 브랜드의 영향력을 높이는 시간을 단축하는 겁니다.

같은 핵심고객군이라고 하더라도 이미 인스타그램을 통해서 제품을 구매하고 소비한 경험이 있는 사람들과 아닌 사람을 비교해봤을 때 이미 소비를 해 본 적이 있고 그 소비로 만족감을 얻은 긍정적인 경험이 있는 사람들일수록 지속적으로 인스타그램을 통해서 구매할 가능성이 크기 때문이에요. 우리가 이용하고 있는 네이버 블로그나 밴드, 유튜브,

페이스북, 커뮤니티 카페에서도 마찬가지입니다.

결론적으로 말하자면, 하루 3시간으로 100명의 고객을 만나려면 먼저 3시간 동안 나의 핵심고객에게만 집중할 수 있도록 핵심고객을 세분화합니다. 세분화는 해시태그, 키워드, 커뮤니티 카페 등을 통해 구체적으로 찾아야만 합니다. 그리고 3시간 동안 나의 핵심고객들이 자주 사용하는 해시태그나 키워드, 커뮤니티 카페 혹은 그들과 활발히 소통하는 인플루언서 계정에서 핵심고객들과 소통합니다. 3시간이면 100여 명과 소통하기에 충분한 시간이며, 보통은 1~2시간 안에 100여 명과 소통하기도 합니다. 소통을 어렵게 생각하는 분들이 많은데, 쉽게 말해 '노출'이라고 생각하면 좋습니다. 아무것도 하지 않으면 내 브랜드, 상품/서비스가 존재하는지 아무도 모르지만, 댓글을 달거나 다이렉트 메시지를 보내거나 친구 추가를 하거나 커뮤니티에 글을 쓰는 등의 행위를 하면 '노출'과 '알리기'를 하는 것이지요.

지금까지의 설명을 좀 더 이해하기 쉽게 협회에서 컨설팅했던 브랜드 사례를 하나 가져왔습니다. 세이프케어라는 브랜드로 아로마 롤온 제품을 메인으로 선보이고 있습니다. 사용한 사람들은 제품력이 좋다는 것을 알지만 국내에선 잘 알려지지 않은 데다 니즈가 적은 핵심고객을 대상으로 해서 처음엔 반응이 미미하였습니다. 이후 피로 감소, 집중력과 기분 전환에 아주 효과적인 아로마 롤온이 어떤 사람에게 가장 필요한지에 대해 고민했습니다. 그렇게 찾아낸 핵심고객이 바로 #공스타그램 해시태그를 주로 사용하는, 공부하는 학생들이었습니다. 실제로 공

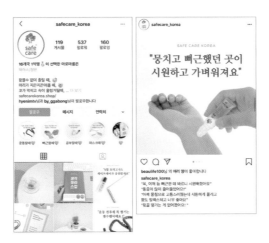

스타그램으로 핵심고객을 변경하고 나서 매출이 2~3배 늘었고, 후기와 만족도 또한 굉장히 높아졌는데요. 핵심고객과 상품이 잘 맞아떨어지면서 마케팅 효과도 배가 된 사례입니다. 공스타그램과 더불어 자기계발 하는 엄마, 적은 시간 고효율을 내고 싶은 사업가, 깨어 있는 시간이 많거나 집중을 요하는 직업군에게도 효과적이라는 판단으로 핵심고객군을 점차 넓혀서 매출과 고객 만족도를 한 번에 잡고 있습니다.

액션 코치의 미션 TALK

이번 에피소드는 아마 이해하기에 많이 어려웠을 것이다. 이렇게까지 구체적으로 배운 것이 처음인 분들이 대부분일 것이라 예상한다. 그렇지만, 꼭 두 번 세 번 읽어보고, 쉽게는 인스타그램에서 나와 핵심고객이 비슷한 인플루언서의 계정에 들어가 그들의 팔로워와 소통을 하는 것부터라도 꼭 직접 액션을 취하기 바란다. 평소에 내가 쓴 글이나 마케팅 채널에 반응도가 낮았었다면, 이 액션을 통해 반응도를 2배 이상 끌어올릴 수 있으며 구매 전환율도 반드시 높아질 수 있다.

왜 프로들은
핵심고객 설정을 하는가?

타겟팅. 응? 소개팅 말고 타겟팅? 타겟팅이라는 말은 마케팅을 시작하려는 우리들에게 익숙하면서도 난감하고 머릿속을 하얗게 만들던 단어였죠.

타겟팅Targeting: 전체 시장을 특정한 기준에 따라 세분화한 후, 브랜드가 진입할 목표 시장을 하나 혹은 복수의 소비자 집단으로 결정하는 마케팅 전략 과정. (출처: 두산백과)

타겟팅을 더 쉽게 이해하려면 '잠재 고객'에 대해 생각해보면 좋습니다. 타겟팅이란 쉽게 말해 '내 상품이나 서비스를 필요로 하며 구매 여력이 있는 잠재 고객'이니까요. 다시 말해, 내 상품/서비스가 가진 장점을 평소에 결핍 부분으로 느끼고 있던 핵심 잠재 고객들인 거죠. 내 상품/서비스가 가진 장점을 필요로 하는 사람들, 내 상품/서비스가 있기 이전에 이것과 관련하여 결핍을 느끼고 있던 사람들을 처음부터 구체적으로 그려놓으면 마케팅의 모든 것은 그들 중심으로 기획될 수 있고 차후 구매 전환율을 높임과 동시에 팬덤 형성에 훨씬 유리해집니다. 우리는 이것을 '핵심고객을 위한 마케팅, 핵심고객의 반응, 구매욕을 끌어올릴 마케팅을 진행할 수 있다'고 이야기하기도 합니다.

그래서 마케팅을 할 때 첫 단계는 내 상품/서비스를 구매할 고객이 누구인지 세부적으로 정해보는 것입니다. 이 작업이 바로 핵심고객 설정이죠. 그리고 앞으로 이 책에서 '타겟'이라는 말을 '핵심고객'이라고 표현하려고 해요. 핵심고객 설정을 구체적이고 정확하게 해 놓는다면 모든 마케팅 채널 이용법, 그리고 핵심고객이 관심을 가질 만한 콘텐츠 마케팅이 수월해집니다. 왜 그런지는 이 책의 챕터를 이어가면서 더욱 구체적으로 말씀드리겠습니다. 그리고 핵심고객 설정을 좀 더 수월하게 할 수 있도록 4가지 질문을 공유할게요.

1) 이 상품이나 서비스가 꼭 필요한 사람은 누구인가?

2) 이 상품이나 서비스를 권해주고 싶은 사람은 누구인가?

3) 이 상품이나 서비스를 사용해볼 만한 사람은 누구인가?

4) 내 상품이나 서비스가 가진 장점에 평소 결핍을 느꼈던 사람은 누구인가?

자, 이제 머릿속에 대략적으로 내가 타겟팅 해야 할 대상이 떠오르셨나요? 여기서 조금 더 디테일한 핵심고객 설정에 도움 될 질문 5가지가 있습니다. 이어서 공유해드릴게요. (내가 제품을 직접 만든 것이 아니라면, 제품을 산 사람의 입장에서 질문에 답해주시면 도움이 될 것입니다.)

1) 나는 왜 이 상품/서비스를 만들게 되었는가?

2) 나는 어떻게 이 상품/서비스를 시작하게 되었는가?

3) 나는 누구에게 이 상품/서비스가 꼭 필요하다고 생각하는가?

4) 내 핵심고객은 어떠한 고민/결핍을 갖고 있는가?

5) 그들에게 이 상품/서비스가 꼭 필요한가? 그렇다면 왜 그런가?

이처럼 핵심고객을 설정할 때에는 '핵심고객 입장에서의 고민'을 생각해본 후, 우리 상품이나 서비스로 그들의 고민, 결핍을 해결해줄 수 있어야 합니다. 그래야 고객이 내 상품이나 서비스를 알게 되었을 때, 필요성을 느끼고 구매 전환으로 이어질 수 있습니다. 더 나아가 핵심고객에서 팬으로 발전할 수가 있겠죠? 팬에 관한 자세한 내용은 '4 마케팅과 뒹굴기' 챕터의 '2020년 이후 마케팅 뉴 파워 트렌드' 에피소드에서 조금 더 심화하여 다루도록 하겠습니다. 마케팅을 시작할 때 좋은 상품만큼이나 중요한 것은 '핵심고객의 결핍은 무엇이고, 그 결핍(니즈)을 어떻게 충족시킬 수 있을지'를 고민해보는 것입니다. 핵심고객이 되는 대상은 아주 디테일하게 설정해야 내가 여러 마케팅 채널에서 홍보를 할 때 핵심고객의 반응률과 구매 전환율이 높아집니다.

이제 '핵심고객'에 대해서 조금은 더 구체적인 설정이 되셨나요? 그러나 우리는 여기에서 끝나면 안 됩니다. 이제 우리 사업에 적용을 해야 우리 것이 되니까요. 그러면 이제 나의 핵심고객을 채널별로 찾아봅시다. 이 부분은 '하루 3시간으로 고객 100명의 마음 흔드는 법' 에피소드가 어려우셨던 독자님이 읽으시면 특히 도움이 될 것입니다.

1 인스타그램

인스타그램으로 핵심고객을 설정할 때는 크게 2가지 방법을 활용할 수 있습니다. 해시태그와 인플루언서인데요. 먼저 해시태그 활용하는 방법부터 알아볼까요? 예를 들어 만약 내가 다이어트 커피를 판매한다고 생각해봅시다. 이럴 경우 우리는 다이어트에 관심이 있는 사람들을 핵심고객으로 설정해야겠죠? 특히 그중에서도 20~40대 여성분들이 집중적인 핵심고객층이 될 거예요. 그래서 해시태그로 #다이어터 #20대직장인 #30대워킹맘 #다이어트식단 등을 검색해서 핵심고객을 찾고 이들과 소통을 하며 나의 팔로워로 만드는 방법이에요. 이렇게 내가 판매하는 상품/서비스를 필요로 하는 고객층이 사용할 만한 해시태그를 역으로 생각해서 찾아 들어가는 방법이 바로 해시태그를 활용한 핵심고객 설정 방법입니다.

두 번째로 인플루언서를 활용해서 나의 핵심고객을 찾을 수도 있는데요. 일명 '거인마케팅'이라는 용어를 사용하기도 합니다. 인플루언서를 활용한 핵심고객 설정은 이미 나와 비슷하거나 나와 같은 상품을 취급하는 인플루언서를 찾는 것부터 시작되는데요. 그러한 인플루언서를 찾아서 그 인플루언서와 소통을 하며 제품을 구매하는 고객들과 소통을 하는 것입니다.

2 페이스북

기본적으로 페이스북은 내가 친구 추가를 한 사람에게만 나의 게시글이 노출이 돼요. 인스타그램의 경우, 페이스북과 비슷하지만 좀 더 개방적인 성향을 띠고 있어요. 그래서 페이스북에서 핵심고객을 설정할 때 가장 효율적으로 할 수 있는 방법은 바로 '나의 관심사와 비슷한 그룹'을 찾아 들어가는 것이에요. 이미 활성화되어 있는 커뮤니티를 활용하는 방법이죠.

단, 이때 주의사항이 있어요. 인스타그램에서도 정말 많은 팔로워를 보유하고 있음에도 좋아요나 댓글이 별로 없는 계정을 보신 적이 있으실 거예요. 이런 계정은 소통이 이루어지고 있지 않는 계정이라고 생각할 수 있는데요. 즉 팔로워들이 아무리 많아도 주의 깊게 보지 않는 계정 혹은 유령 팔로워를 구매해서 채워 넣은 계정이기에 진성 팔로워들이 거의 없는 계정이라고 볼 수 있어요. 이와 마찬가지로 페이스북 그룹 역시 무조건 인원수가 많은 그룹이라고 선택할 것이 아니라 그 안에서 얼마나 그룹원들이 활발하게 활동하고 있는지를 살펴봐야 해요. 좋아요와 댓글이 활발하게 달리는 그룹인지 아니면 서로 자신들의 광고만을 올리는 그룹인지 파악한 후에 가입하고 활동하면서 친구 추가를 해 나가면 좋습니다.

또 하나 주의할 점은 이렇게 활발하게 활동이 이루어지고 있는 그룹을 찾았다고 해서 바로 그룹원들에게 친구 추가를 보내면 안 된다는 거예요. 그룹 내에서 활동 이력 없이 그룹원들에게 친구 추가만 하게 되면 페이스북에서 경고창이 뜨게 될 수도 있기에 그룹 내 활동, 소통을 하면서 천천히 친구 추가를 해 나가는 것을 추천합니다.

3 네이버 카페

이미 훌륭하게 나의 핵심고객층으로 커뮤니티가 형성되어 있는 곳이 있다면 어떨까요? 너무 반가운 곳이 되겠죠. 바로 그렇게 만들어져 있는 곳이 네이버 카페인데요. 네이버 카페 역시 페이스북처럼 내가 활동할 만한 곳인지 아닌지 판단하고 활동하는 단계가 필요합니다. 방법을 공유해드리자면 다음과 같습니다.

일단 내 핵심고객이 검색을 할 만한 키워드를 찾아야 합니다. 키워드를 찾는 것은 '네이버 검색 광고'를 이용해서 찾을 수 있어요. 그런 다음 이렇게 찾은 키워드로 직접 네이버에 검색을 하고 카페 카테고리로 들어갑니다. 카페 카테고리의 글, 카페의 등급과 인원수를 보고 신규글, 조회 수와 댓글, 상호작용 하는 것을 보면 활동이 많은 카페인지 확인 가능합니다. 만약 최근에 올라온 게시글이 1개월 전이거나 활동량이 저조하다면 그 카페는 활발하게 운영되는 곳이 아닌 거죠. 이 부분을 염두에 두고 나의 핵심고객이 모여 있는 카페를 활용하신다면 효율적으로 핵심고객 설정을 할 수 있습니다.

4 네이버 블로그

블로그라는 플랫폼을 활용해서 핵심고객을 찾아보는 방법은 2가지로 나눌 수 있습니다. 첫째, 나의 상품/서비스에 관심이 있는 핵심고객을 나의 이웃으로 만드는 방법이에요. 내 상품/서비스가 포함되는 카테고리에서 나의 상품/서비스와 관련된 블로그로 들어가 서로이웃 추가, 댓글, 공감을 하는 것입니다. 지속적인 이웃 활동을 하면서 신뢰를 구축하고 점차적으로 내 상품/서비스를 홍보할 수 있습니다. 둘째, 내가 블로그를 운영하고 있지 않은 경우, 협찬을 통해서 내 상품/서비스를 홍보하

고자 한다면 나의 핵심고객들이 많이 검색할 만한 키워드를 찾고 이 키워드에서 상위 노출 되어 있는 블로거들에게 제안을 하는 방법이 있습니다. 이때 키워드를 찾는 방법은 '네이버 검색 광고'를 활용하시면 보다 쉽게 찾을 수 있습니다.

액션 코치의 미션 TALK

핵심고객을 설정하는 것, 이 단계가 그리 쉽지 않은 단계인 것은 사실이다. 하지만 효율적인 마케팅을 하기 위해서 반드시 필요한 단계인 만큼 지금부터 나의 핵심고 객은 어떤 사람들인지, 어떤 결핍을 느끼고 있던 사람들인지, 어떤 니즈를 가지고 있는 사람들인지 한번 구체적으로 정리해 보자.

인기 있는 마케팅 채널 중
나에게 맞는 채널은?

나에게 맞는 마케팅 채널은 뭘까요? 원래 인스타그램을 자주 애용했던 사람은 인스타그램이 맞는 채널일까요? 유튜브만 하고 있던 사람은 유튜브가 맞는 채널일까요? 마케팅을 시작하시려는 분들과 대화를 나누다 보면 나에게 익숙한 채널만 사용하시는 분들이 계시더라고요. 모든 채널을 활용하려면 그만큼 시간 투자가 가능해야 하는 현실! 채널별 장단점을 보신 뒤 나에게 맞는 채널부터 선택과 집중해 보시길 추천드립니다.

1 인스타그램

장점
- 20~30대가 가장 많이 사용하는 SNS다.
- 이미지와 동영상을 기반으로 소통하는 SNS로 유지, 관리가 쉽다.
- 다른 채널에 비해 운영이 심플하다.
- 직접적인 소통, 관리를 통해 고객과 긍정적인 관계 형성에 유리하다.
- 페이스북과 연동해서 동시 운영이 가능하다.
- 인사이트를 이용하여 콘텐츠 반응도를 한눈에 보고 분석해볼 수 있다.
- 비공개 전환으로 프라이빗하게 이용하거나 팬들에게 특별 혜택을 줄 수 있다.
- 짧은 글과 1분 이내의 영상으로도 고객을 사로잡는 것이 가능하다.
- 스폰서 광고 기능으로 맞춤 타겟 광고가 가능하다.

단점
- 40~50대 이용자가 많지 않다.
- 페이스북, 블로그처럼 친구(이웃) 신청을 해서 수락받는 형태가 아닌 일방적인 팔로우만 가능하다.
- 게시글에 링크를 삽입할 수 없다.
- 한 게시물당 게시할 수 있는 사진 개수가 10개로 제한되어 있다.
- 텍스트가 길면 첫 화면에는 1~2줄만 보이고 더보기를 클릭해야 전체가 노출된다.
- 앱에서 직접 리그램(내 계정으로 공유)을 할 수 없다.
- 사진을 예쁘거나, 분위기 있게 잘 찍을수록 유리하다.
- 하루에 팔로우, 댓글 수에 제한이 있다.

2 블로그

장점
- 글감과 사진을 많이 쓸 수 있다.
- 판매나 제품, 서비스에 대한 상세페이지를 구체적으로 작성할 수 있다.
- 모바일 앱을 통해 스마트폰 하나만으로도 운영하기가 수월하다.
- 애드 포스트 수익을 얻을 수 있다.
- 네이버 검색 노출에 유리하다.
- 아직은 압도적으로 이용자 수가 많다.
- 네이버 파워 링크 광고(클릭당 비용을 지불하는 유료 광고) 이용이 가능하다.
- 검색 노출이 되지 않더라도 핵심고객이 많이 사용하는 카테고리나 키워드 등을 통해 서로이웃 추가, 이웃 신청, 댓글 유입, 스크랩 등으로 자체적인 소통과 운영이 가능하다.

- 광고성이 짙게 운영하거나 위험한 키워드(병원, 부동산, 주식, 정치 등)를 사용하면 검색 노출이 안 될 수 있다.
- 검색 노출을 신경 쓴다면 내가 쓰고 싶은 글을 쓰는 것에 제약이 있다(자체 검열을 통해 검색 노출이 안 됨).
- 검색 시 노출되는 메인 화면이 모바일과 PC 영역에서 다르게 나타난다(노출 기준).
- 양질의 콘텐츠를 만드는 데 시간 투자가 필요하다.
- 인스타그램처럼 짧은 글과 사진 한 장만으로는 전문성을 어필하는 것이 쉽지 않다. 비교적 많은 정성과 시간이 필요하다.

3 페이스북

- 정밀한 타겟팅 광고를 할 수 있다.
- 맞춤 타겟팅, 도달률에 비해 광고비는 타 플랫폼보다 합리적인 편이다.
- 리타겟팅에 효과가 좋다.
- 그룹으로 커뮤니티 형성이 가능하다.
- 광고 집행이 쉬운 편이다.
- 페이스북의 활성 사용자는 30억 명으로 상당히 많은 편이다.
- 해시태그 기능으로 검색을 할 수 있다.
- 짧은 블로그처럼 사용이 가능하다(사진 30장, 글은 길게).
- 게시글에서 링크 공유가 가능하다.
- 공유, 그룹 활용으로 바이럴 마케팅이 수월하다.

- 이탈자들이 늘어나고 있다.
- 이전에 비해 광고 도달률이 낮아졌다.
- 광고를 집행한 이후 시간 소요가 크다.
- 상대방이 친구 신청을 승낙하지 않을 경우 팔로우만 가능하다(전체 공개 글만 확인이 가능하다).
- 페이지는 유료 광고를 집행하거나 좋아요, 팔로우 하지 않을 시 노출이 되지 않는다.
- 게시글 하나하나로는 검색이 불가하다.
- 지인 기반의 플랫폼이다.
- 활동이 저조할 경우 노출도 저조해진다.

4 틱톡

장점
- (입문이 쉽다.) 팔로워가 0이더라도 첫 동영상이 어떤가에 따라 조회 수를 한 번에 몇백 단위까지 올려버릴 수 있다.
- 챌린지 문화가 있다.
- 여러 종류의 필터와 오리지널 음악을 피처링 하는 등 새로운 편집 기능이 많은 영상 플랫폼이다.
- 유행성이 크게 작용해서 알리는 것, 퍼트리는 것에 유용하다.
- 창의력을 발휘하려는 사람들이 이용한다면 재미있게 접근할 수 있다.
- 15초로 짧고 반복적이다.
- 10~20대가 많이 사용하는 플랫폼이다.
- 영상 기반이라 해외 유저들의 공감과 반응을 보다 쉽게 이끌어낼 수 있다.
- 해시태그를 활용할 수 있고 추천 동영상에 내 동영상이 뜰 수 있다.
- 음악과 스티커, 필터 기능이 있어 자체적으로 유쾌한 광고를 만들 수 있다.
- 영상 자체의 퀄리티보다 독창성과 유행성을 더 중요시한다.
- 예쁨보다 유머러스함이 잘 통한다.
- 영상을 인스타그램, 유튜브에 활용하기 좋다.

단점
- 10~20대 이용자 비율이 월등히 높다.
- 아직 한국인 이용자 수가 많은 편은 아니다.
- 영상 길이가 짧아, 틱톡만으로는 제품 판매가 쉽지 않다.
- 신선하거나 독창적이지 않으면 외면당할 수 있다.
- 세로형 화면으로 활용된다.
- 전문성보다는 스포티함, 유머러스함, 독창성, 유행성이 크게 작용한다.
- 영상 길이가 짧아서 담아내고자 하는 것을 모두 못 담아낼 수 있다.

5 브런치

장점
- 전문성이 드러나는 채널이다.
- 글이 좋을 때(선택되었을 때) 다음 메인에 노출이 된다.
- 독자는 매거진을 보듯 전문성 있는 글을 읽을 수 있다.
- 종이책이나 전문서적에서 볼 수 있는 퀄리티의 글을 브런치를 통해 5~10분 동안 짬짬이 읽을 수 있다.
- 다양한 채널과 로그인 연동이 가능해서 이용자들은 이용이 수월한 편이다.
- 쓴 글을 모아 책을 출간할 수 있다.

- 직접적으로 작가에게 강연, 프로젝트, 출간 제안을 할 수 있다(받을 수 있다).
- 작가(독자)와 직접적인 소통을 할 수 있다.

- 작가 심의를 통과해서 권한을 받아야 채널에 글을 올릴 수 있다.
- 심의 기준이 깐깐하여 보편적인 글은 심의를 통과하기 어렵다.
- 전문성이 있거나, 특별한 스토리가 있어야 한다.
- 스낵처럼 소비하는 글보다는 철학, 인문학, 역사, 비즈니스 등의 카테고리가 많이 소비되는 편이다.
- 블로그나 페이스북, 인스타그램은 계정을 생성하여 바로 글을 쓰고 직접적인 노출이 되지만, 브런치는 작가가 되어야 글이 노출된다.

6 유튜브

- 계정 생성과 동시에 영상을 업로드할 수 있다.
- 처음 영상을 업로드하더라도 알고리즘이 노출을 해준다(검색 부분, 추천 동영상, 연관 동영상 부분).
- 전 연령층이 이용하는 채널이며, 최근 네이버만큼이나 검색 부분에서도 활발히 이용되는 채널이다.
- 해시태그나 특정 키워드를 통해 핵심고객에게 뾰족하게 노출될 수 있다.
- 광고에 대한 거부감이 비교적 적다.
- 누구나 계정을 만들고 영상을 업로드할 수 있다.
- 추천 동영상, 연관 동영상 알고리즘에 선택받지 못하더라도 검색 기능에서 특정 키워드를 잡을 수 있다.
- 전문성과 연관성만 깊다면, 인기 키워드에 상위노출되는 것이 비교적 수월하다.

- 하나의 콘텐츠를 만들기까지 시간이 많이 소요된다.
- 알고리즘이 워낙 세밀하여, 정확한 알고리즘을 파악하기가 쉽지 않다.(운도 크게 작용하고 연관성, 독창성, 대중성, 영향력 부분 다방면으로 영향을 미친다.)
- 영상의 비중이 월등히 높다.(사진은 영상으로 변환하여 업로드해야 한다.)
- 긴 영상보다는 짧고 임팩트 있는 영상을 선호한다. (타임 킬러가 되면 철저히 외면받는다.)
- 꾸준히 할수록 노출을 많이 해 주며, 타 채널에 비해 시간이 많이 소요된다.

앞에서 살펴본 표를 통해서 나와 가장 잘 맞는 마케팅 채널이 어떤 것인지 파악해 보자. 가장 잘 활용할 수 있는 마케팅 채널을 나의 메인 채널로 활용하면 마케팅을 보다 즐겁게 시작할 수 있을 것이다.

포토샵 없이 포토샵 한 것처럼
SNS 이미지 만드는 법

"저희 집에는 컴퓨터가 없는데 어쩌죠?"

"컴맹이라 엄두를 못 내봤어요, 간단한 포토샵조차 하지 못하는걸요…."

이러한 걱정만 잔뜩 끌어안고 SNS 마케팅을 망설이고 계셨던 독자님
이시라면 잘 오셨습니다. 고객에게 선택받는 이미지를 만드는 것에 대
해 '전공자들만이 잘하는 것' 혹은 '포토샵 프로그램을 반드시 이용해야
만 할 수 있는 것'이라고 생각하는 분들이 많이 계시더라고요. 우린 이미
컴퓨터보다 스마트폰으로 가능한 것이 훨씬 많은 시대에 살고 있습니
다. 불과 10년 전만 해도 컴퓨터 프로그램을 이용해야 이미지 편집이 가
능했기 때문에 파일을 옮기는 과정도 번거롭고, 투자하는 시간도 상대

적으로 클 수밖에 없었습니다. 그리고 도구를 사용하는 것도 전문적으로 배우거나 책을 보며 상당한 노력을 기울여야만 했습니다. 저조차도 컴퓨터가 익숙하지 않았을 땐 '이미지 편집을 예쁘게 잘하려면 포토샵을 유료로라도 반드시 배워야 해!' '그런 건 전공자나 배운 사람들만 할 수 있는 일이잖아. 난 못 해.'라고 생각했습니다.

하지만 핸드폰 하나만으로도 이미지/영상 촬영, 편집, 특수효과, 업로드를 한 번에 해내는 방법을 알고 나니, 매일 전문가 수준의 이미지 편집을 하고 콘텐츠를 완성해 가는 일이 흥미롭고 재미있어졌습니다. 이제는 컴맹, 폰맹 소위 말하는 '×손'이었던 제가 스마트폰 하나만으로도 이미지 편집을 재미있게 할 수 있었던 그 방법을 독자님들께 공유해 드리겠습니다.

1 기본 카메라 이용해서 전문 사진가 못지않은 사진 연출하기

스마트폰의 해상도 높은 카메라를 활용하고 기본 편집만 할 줄 안다면 ×손이 금손 되는 건 1분도 채 걸리지 않습니다. 사진과 영상은 편집 전에 잘 찍는 기술들을 적용하면 좋습니다. 그 기본 중에서도 첫 번째는 카메라 설정을 격자무늬가 나오게 세팅한 뒤 촬영을 하는 것입니다. 수평과 수직만 맞춰서 찍어도 같은 구도임에도 훨씬 안정감 있고 완성도 높은 사진이 됩니다.

이미 찍은 사진이라면 기본 기능에 '기울기'를 맞추는 방법도 있습니다.

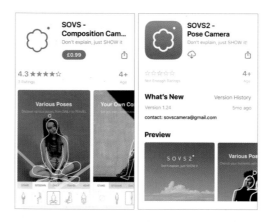

사진 구도를 맞추는 것이 쉽지 않은 분인 경우, 인물 사진 촬영 부탁 앱인 SOVS를 추천드려요. 사진 구도를 알지 못하는 사람이 찍더라도 촬영하려는 배경에 맞게 구도가 나오기 때문에 손쉽게 구도를 맞춰서 찍을 수 있어요. SOVS 앱은 구도에 초점을 맞춘 카메라 앱, SOVS2 앱은 포즈에 초점을 맞춘 카메라 앱입니다.

2 앱 사용으로 포토샵 하기

컴퓨터에서 포토샵 프로그램을 통해 활용했던 기능 또한 스마트폰 앱으로도 가능합니다. 블러 처리나 사진 모자이크, 사진 오려내기 등의 기능을 PS Express나 PicsArt 앱으로 몇 초 만에 간단하게 사용할 수 있으니 한번 이용해보시는 걸 추천드립니다.

 액션 코치의 미션 TALK

지금 바로 앞에서 설명한 앱들을 다운받아보자. 그리고 직접 이미지를 편집해서
SNS에 올려보자. 다양한 앱을 이용해 보고 나와 가장 잘 맞는 앱을 찾고 여러 앱
들을 용도에 맞게 분류해 놓는다면, 그때그때 목적에 맞게 사용하기 좋을 것이다.

영상 편집 1도 몰라도
하루 만에 콘텐츠 만드는 법

"저는 영상 편집을 해 본 경험이 1도 없어요. 그렇지만 영상 콘텐츠가 대세라 욕심은 나네요."라고 하신다면 이제부터 소개하는 앱을 설치해서 실천해보시길 바랍니다. 본문 내용을 토대로 게임하듯 몇 번 해 보신다면, 어렵지 않게 활용하실 수 있습니다. 컴맹이었던 제가 자신 있게 추천드려요.

1 블로VLLO

유튜브에 블로 편집을 검색하면 세밀한 편집 방법이 다양하게 소개되어 있으니 참고해주세요. 블로는 효과음과 노래, 폰트나 아기자기한 스티커 기능들이 다양하며 편집 역시 초보자가 사용하기 쉽게 되어 있습니다. 특히 아이폰 사용자는 블로 앱의 무료 버전 사용 시 안드로이드 사용자와 달리 최종 편집본에 '블로'라는 워터마크가 들어가지 않아 무료 버전으로 충분히 사용이 가능하며 추가 결제를 하지 않아도 된다는 장점이 있습니다(단, 기본 효과 이외에 더 많은 효과를 사용하려면 애플리케이션 안에서 결제를 해야 합니다).

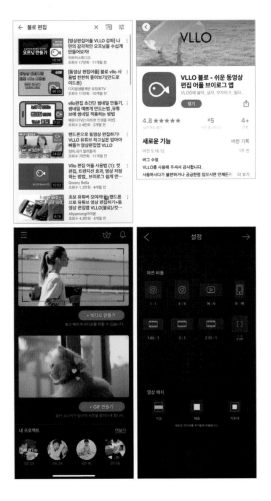

이전 이미지에서처럼 비디오 만들기를 클릭하여 편집할 영상을 선택한 후 채널에 맞는 화면 비율을 설정할 수 있습니다.

또한 선택 영역을 클릭하면 사용할 수 있는 다양한 편집 기능들이 나옵니다.

빨간색으로 표시된 영역의 다양한 편집 기능들을 활용할 수 있습니다.

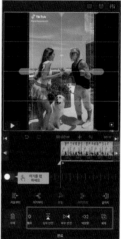

배경음악, 목소리, 효과음, 스티커, 템플릿, 자막, 모자이크 등 왼쪽에 정렬되어 있는 메뉴를 하나하나 눌러 다양한 기능을 활용해 볼 수 있습니다.

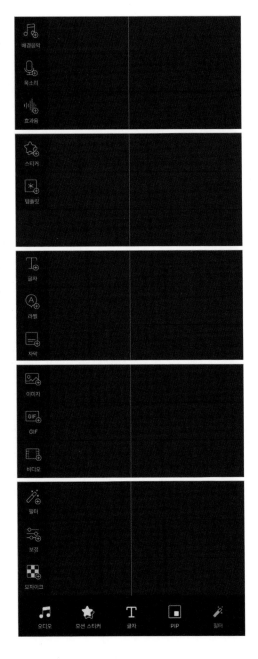

2 키네마스터KineMaster

블로의 대표적인 장점이 쉬운 편집이라면 키네마스터의 장점은 블로에서 사용할 수 없었던 기능들이 좀 더 있습니다. 영상 합성 기법 중 하나인 크로마키 기능이 있기 때문에 영상을 따로따로 두 개를 찍어서 하나로 합성할 수 있습니다. 그래서 비디오 혹은 사진 위에 레이어를 겹겹이 입힐 수 있고, 특수효과가 더 있기 때문에 좀 더 고퀄리티의 영상 편집이 가능합니다. 키네마스터는 초보가 사용하기에는 어렵게 느껴질 수도 있기 때문에 유튜브에 나와 있는 설명 영상을 보시면서 하나하나 적용해보시는 걸 추천드립니다.

다음 첫 화면에 보이는 비디오 이미지를 클릭해서 프로젝트 화면 비율까지 선택합니다.

미디어를 눌러 영상 클립을 불러옵니다.

그리고 다음 그림의 오른쪽 동그라미 안에 보이는 미디어, 오디오, 레이어, 녹음 부분을 클릭해서 편집을 하면 됩니다. 레이어 버튼을 선택하면 세밀한 편집 기능도 볼 수 있습니다.

노랗게 표시되어 있는 부분의 화면을 선택하면 분할, 줌, 믹서, 필터, 속도, 리버스, 회전, 그래픽, 비네트 기능도 선택할 수 있습니다.

분할을 선택할 경우 다시 세분화된 기능을 사용할 수 있습니다.

그리고 아래로 내리면 더 다양한 기능과 효과들이 나옵니다.

심심한 영상을 가져와서 키네마스터로 영상 편집을 하다 보면 클릭을 부르는 영상으로 탈바꿈되어 있는 신기한 경험을 하시게 될 것입니다. 영상 편집에 처음 입문하신 분들은 일단 영상을 불러와서 음악과 자막을 넣는 것까지만 해 보세요. "이렇게 간단한 일이었어?"라고 느끼실 거예요.

유튜브 영상 준비하고 계신 분들 주목! 썸네일이나 오프닝 혹은 클로징이 필요하다면 너무 고민하지 마시고 멸치 앱 하나로 쉽게 만들어보세요.

앱 설치 후 보이는 메인 화면에서 4가지 템플릿 중에 SNS(배경화면, 유튜브)를 클릭하면 보이는 화면의 유튜브를 선택하면 됩니다. 유튜브 카테고리에 있는 오프닝, 썸네일, 클로징 등의 템플릿 중 취향에 맞는 것으로 선택하여 원하는 글과 사진을 넣으면 단 몇 분 만에 완성할 수 있습니다. 단, 사용함에 있어서 저작권의 권고 사항을 유념하고 사용해주세요.

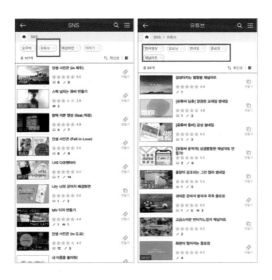

4 소프트웨어별 무료 편집 기능

아이무비(아이폰) 영상 클립 편집, 음악 넣기, 컬러 수정, 기타 비디오

강화 등 가능

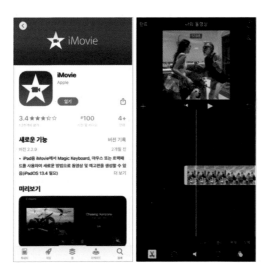

클립스(아이폰) 자동 자막 입력, 필터 적용, 편집, 공유 가능

스플라이스 싱크 자동 조절, 필터 적용, 여러 효과음, 자막, 전환, 컷편

집 등 가능

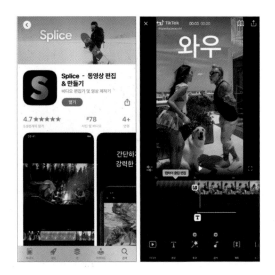

퀵 고프로 컷편집, 음악 넣기, 배속, 영상, BGM 혼합 등 간단한 영상 편집 가능

파워디렉터(안드로이드) 컷편집, 무료 템플릿, 영상 속도 조절, 떨리는 영상 보정, 크로마키, 블렌딩 모드, 녹음 등 가능

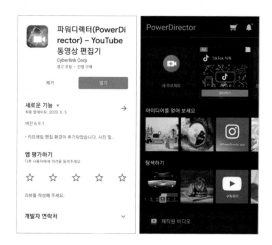

이제 영상 편집을 이용하여 유튜브도 도전하고 인스타그램 반응도를 한 달 만에 3배 이상 이끌어 낸 분의 계정을 살펴보겠습니다. @himami2019 계정에서는 특히 즐겁게 육아를 하는 프리랜서 워킹맘으로서의 일상이 많이 드러나고 있죠. 계정을 키우는 초반에는 '폰 하나로 우리 아이의 일상을 만드는 방법'을 다른 육아맘들과 공유하며 잠재 고객의 좋은 반응을 얻기도 했습니다. 다음 이미지와 인터뷰 내용을 통해 @himami2019 계정에서는 어떻게 블로 앱을 활용하여 콘텐츠 반응도를 높였는지, 그 키포인트를 함께 알아볼까요?

Q 영상을 제작할 때 가장 애용하는 앱은 어떤 건가요?

A 처음 영상 편집을 하시는 분이라면 블로를 추천드립니다. 한 번도 편집을 해 본 적 없었음에도 블로를 사용한 지 한두 시간 안에 모든 기능을 다룰 수 있었습니다. 제가 육아하는 일상을 인스타그램에 60초 내

의 영상으로 자주 편집해서 올리니 인친들의 반응이 매우 높아졌고 편집에 대한 질문이 자주 올라왔습니다. 한 번은 인스타그램 라방을 통해 블로로 영상 편집하는 방법 재능 기부를 한 적이 있었습니다. 라방에 참여했던 인친분들이 편집을 배우시고 쉽고 재밌다고 말씀해주셔서 제게는 긍정적 경험이 되었고 보람도 있었습니다.

Q 영상 편집을 할 때 어떤 것에 중점을 둬서 만드시나요?

A 최대한 지루한 부분을 컷편집 하는 것에 중점을 두고 짧고 임팩트 있는 부분만 남기려고 합니다. 그리고 하다 보니 욕심이 생겨서 TV프로그램의 자막 느낌이나 글귀라든지 따라 할 수 있는 효과들을 넣기도 했습니다. 제가 육아 일상을 주로 올렸기 때문에 〈슈퍼맨이 돌아왔다〉 같은 육아 채널을 주로 벤치마킹했습니다.

Q 블로로 영상 편집을 할 때 걸리는 소요 시간은 어떻게 되시나요?

A 영상에 따라 다르지만 60초 영상을 만드는 데 평균 30분 정도 소요되고 좀 더 심혈을 기울일 때는 1시간 정도 걸리기도 합니다. 컷편집이나 자막, 음악만 넣는 간단한 편집이라면 10분 정도로 가능할 때도 있습니다.

Q 영상이 어떤 핵심을 전달하기 좋은가요?

A 일상이라면 기분과 감정을 나타내기 매우 좋고요, 그리고 내가 보

여주고자 하는 의도를 쉽게 전달할 수 있는 것 같아요. 홍보 영상이라면 보는 사람으로 하여금 상상하게 할 수 있는 효과를 더 잘 전하게 됩니다. 글로 구구절절 장황하게 늘어놓는 홍보보다는 영상과 글에 내용을 나눠 담을 경우 더욱 좋습니다.

액션 코치의 미션 TALK

영상은 직접 제작하며 반복적으로 연습해야 속도도 빨라지고 손에 익게 된다. 앞서 소개한 앱을 다운 받아서 직접 영상을 만들어 보자. 그리고 SNS에 공유하면서 팔로워들과 소통해보자. 점점 영상 만드는 재미에 빠지게 될 것이다.
#마케팅첫키스도전

비전공자의 디자이너 뺨치는
카드 뉴스 제작 노하우

"내가 이미지 디자인을 좀 할 줄 알았어도…."

　사진과 장문의 글로 한눈에 내 고객을 사로잡기 힘드셨던 분들은 아마 이런 생각을 한 번쯤 해 보셨을 겁니다. 포토샵이나 일러스트처럼 전문 편집 프로그램을 익히지 않아도 다양한 형태의 템플릿을 활용하여 손쉽게 만드는 팁을 공유해드립니다.

카드 뉴스나 상세페이지를 통해 한눈에 요점을 파악하게 만들 수도 있고, 필요한 정보를 캐치할 수 있도록 하면서 동시에 많은 정보를 담아낼 수 있습니다. 망고보드는 쉬운 디자인 제작의 대표적인 플랫폼으로 초보자도 큰 어려움 없이 이용해 볼 수 있습니다.

망고보드로 만든 카드 뉴스/ **출처** @curator_ell 계정

위의 이미지는 실제로 홈비즈마케팅협회에서 인스타그램 마케팅을 배우고 무자본으로 콘텐츠 마케팅 대행 창업을 한 @curator_ell 님의 계정에서 사용하고 있는 콘텐츠입니다. 보시는 것처럼 망고보드에는 포

토샵 없이 전문적인 느낌을 줄 수 있는 디자인들이 많다는 것을 알 수 있습니다.

2 캔바

모바일 애플리케이션과 웹사이트 두 가지 버전으로 환경에 맞게 활용할 수 있는 캔바는 해외 제작이며 감성 템플릿이 많은 것이 특징입니다. 이미지를 터치하면 수정 가능하게 바뀝니다. 웹사이트 버전은 애플리

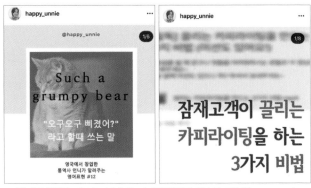

캔바를 활용한 카드 뉴스/ 출처: 저자 김민정의 인스타그램 @happy_unnie

케이션 버전보다 좀 더 다양하게 활용할 수 있는데, 문구의 글씨 색깔을 부분적으로 바꿀 수 있습니다.

3 미리캔버스

앞서 나온 망고보드는 유료라 사용하기 쉽지 않고, 캔바를 사용하자니 한글보다는 영어 글씨체가 많아서 아쉽고, 좋은 이미지를 사용하려면 유료 결제를 해야 하고…. 혹시 이런 고민을 하고 계신 독자님 있으신가요? 그렇다면 이런 고민을 해결해 줄 무료 웹사이트 미리캔버스를

활용해보세요. 이미지 저작권 및 워터마크 걱정 없이 망고보드와 비슷한 수준의 퀄리티로 카드 뉴스, 로고, 배너, 유튜브 썸네일 등을 제작하실 수 있습니다.

애플리케이션 설치 없이 핸드폰이나 패드 등으로 활용할 수 있는 부분 또한 미리캔버스의 장점입니다.

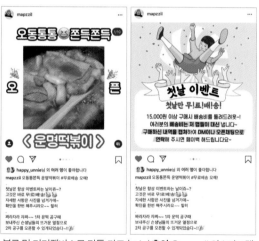

블로 및 미리캔버스로 만든 카드 뉴스 / **출처** @mapzzil 인스타그램

실제로 식품 카테고리의 인스타 마켓을 운영 중인 맵찔이 님도 동영상 앱인 블로와 미리캔버스를 함께 활용하며 상품 상세페이지 콘텐츠를 제작하고 있습니다.

미리캔버스 및 망고보드를 이용해 만든 카드 뉴스/ **출처** @curator_ell 인스타그램

앞의 예시는 지식 큐레이션 계정을 운영하는 @curator_ell 계정에서 사용한 카드 뉴스입니다. 이렇게 내가 만들고자 하는 카드 뉴스가 무엇인지에 따라 망고보드와 미리캔버스를 같이 콜라보 하여 활용할 수도 있습니다.

4 타일

타일에서는 텍스트 한 줄을 입력할 때와 두 줄 입력할 때 자동으로 텍스트가 조정되어 배치됩니다. 그렇기 때문에 색감, 배치, 사이즈를 하나하나 조정하지 않아도 되는 편리함이 있습니다. 폰트도 다양해서 고르는 재미도 있습니다. 예산을 아껴야 하는 프리랜서나 스타터들에게는 타일이 제일 적합합니다.

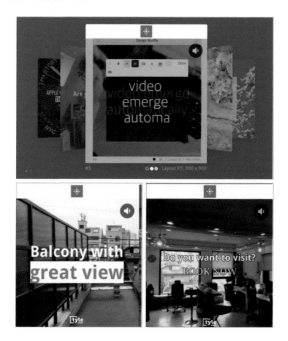

특히 다른 카드 뉴스 앱 및 웹사이트와는 달리 한 장짜리 동영상 광고를 만들 수 있다는 것도 특징입니다. 이미 만들어진 자동 디자인 템플릿들을 적극 활용하여 나만의 동영상을 넣어 여러 가지 버전을 만들 수 있죠. 매월 지불하는 영상 비용을 절감하게 되었다는 사용자 후기도 많이 나오고 있습니다. 만약 독자님께서 고퀄리티의 영상 편집을 원하시는

경우에는 프리미어 같은 영상 편집 프로그램을 활용하는 것이 좋으나,

간단한 영상 편집은 타일을 이용하여 시간과 비용을 절감할 수 있으실

거예요. 사용법도 간편하여 기존의 편집 툴이 어렵고 막막했던 분들도

접근하기 쉬운 것이 타일이니까요.

타일로 제작한 동영상 카드 뉴스/ **출처** 타일 인스타그램 @tyle.io

5 HashPhotos

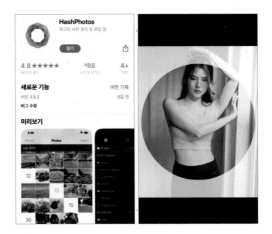

다양하게 보정이 가능한 아이폰 사진 앱 해시포토스는 흐림 효과나 앞의 사진처럼 도형을 이용해 카드 뉴스를 만들 수도 있습니다. 특히 아이폰에서 '움짤'을 만들 경우, 핸드폰 라이브러리에 저장된 사진 및 동영상을 움짤로 표현할 수 있는 GIF 형식으로 변환할 수 있습니다. 해당 내용에 대한 자세한 정보를 찾기 원하신다면 네이버 또는 유튜브에 '해시포토스 GIF'로 검색을 해 보시면 더 자세한 정보를 보며 차근차근 따라 해 보실 수 있어요.

6 글그램(안드로이드)

무료 이미지가 많아 저작권 걱정 없는 것이 장점인 글그램입니다. 인스타그램 계정에는 글그램을 이용하여 감성 글, 좋은 글, 명언 등을 사용한 계정들의 예시가 소개되어 있습니다.

글그램으로 제작한 카드 뉴스 예시/ **출처** 글그램 인스타그램 @geulgram

7 쓰샷(아이폰)

글그램을 사용하고 싶지만 안타깝게도 아이폰 유저라 사용하지 못하는 분들께 희소식인 쓰샷입니다. 글그램처럼 이미지와 글 삽입을 통해 직관적으로 카드 뉴스를 만들어 사용하고자 하는 독자님께서 사용하시면 좋습니다.

쓰샷으로 제작한 카드 뉴스 예시/ 출처: 인스타그램

8 라인카메라

기본적으로 제공되는 이미지 위에 글을 삽입하기보다는 조금 더 감성적이고 전문적인 카드 뉴스를 만들고 싶은 분들께 추천드리는 라인카메라입니다. 특히 다양한 글씨체가 있어 아기자기한 느낌의 카드 뉴스를 만들려는 독자님께서도 해당 앱을 사용해보시면 좋습니다.

라인카메라를 활용하여 만든 카드 뉴스 예시/ **출처** @moduhistory 인스타그램

지금까지 디자인 비전공자도 다양하고 전문적으로 이미지 마케팅을 하실 수 있는 웹사이트 및 앱들을 소개해봤습니다. 이런 내용을 참고해서 다양한 도구를 사용해 보시길 추천드립니다. 끝으로, 독자님께 보다 현실적인 도움을 드리기 위해 1인 마케팅 대행 사업으로 콘텐츠 기획 및 제작을 하며 무료 도구들을 적극 활용하고 계신 @mapzzil 님께 인터뷰 요청드렸던 내용을 공유합니다.

Q 카드 뉴스를 만들 때 가장 애용하는 툴은 어떤 건가요?

A 카드 뉴스를 만들 때는 PPT로 바로 작업하거나 미리캔버스 앱을 이용하는 것을 좋아합니다. 미리캔버스는 템플릿도 있어서 빨리 작업하기 좋아요.

Q 카드 뉴스를 만들 때 어떤 것에 중점을 둬서 만드시나요?

A 제가 중점을 두는 것은 첫째는 사람들이 읽기 쉬운 말로 만들 것, 둘째는 같이 공감할 만한 요소를 적어도 한 가지는 넣을 것, 셋째는 사람들이 참여해볼 만한 요소를 넣는 것입니다.

Q 카드 뉴스를 만드는 데 걸리는 소요 시간은 어떻게 되나요?

A 한두 장이라면 30분도 안 걸릴 때도 있고 길어도 2시간은 안 넘기려고 노력해요. 그런데 욕심이 생기면 4시간 동안 만들기도 합니다.

Q 카드 뉴스가 어떤 핵심을 전달하기 좋은가요?

A 짧게 포인트만 전달하기 좋습니다. 인스타그램은 10장까지밖에 사진이 올라가지 않기 때문이에요. 그래서 내가 원하는 포인트를 1~2가지만 정해서 올인하기도 합니다. 공감을 하며 재미있게 읽도록 만들겠다거나 상품에 관한 정보를 알게 하겠다거나, 레시피를 공유하겠다거나 주제를 확실하게 정해서 만들면 짧은 시간에 명확하게 내가 원하는 바를 전달하기 좋아요.

앞서 언급한 사이트나 앱을 활용한다고 해도 카드 뉴스를 처음 만들다 보면 쉽지 않게 느껴질 수 있다. 사이트와 앱마다 다양한 사용법에 익숙해질 시간이 필요하니 말이다. 하지만 마케팅에서 이미지, 콘텐츠 마케팅이 중요해지면서 카드 뉴스의 비중도 상당히 커졌다. 지금부터 매일 하나씩 카드 뉴스 만들기 연습을 해 보자. 카드 뉴스 콘텐츠로 활발하게 활동하는 다른 인스타그램 계정을 지속적으로 보면서 벤치마킹하는 것도 감각을 키우는 데 중요한 연습이 될 것이다.

#마케팅첫키스도전

고객과 소통하며 만드는 '우리' 광고

제가 갑작스런 질문 하나 드리겠습니다. 마케팅을 하는 사람에게 필요한 딱 한 가지 능력은 무엇일까요? 대부분 처음 마케팅을 배울 때에는 마케팅을 잘하기 위해 기술적인 것에만 집중합니다. 글쓰는 방법, 사진와 영상을 멋지게 담아내는 일 등등. 하지만 막상 SNS 안에서 고객의 욕구를 건드리고 구매 전환으로 이어지게 하는 요소는 그것뿐만이 아니라는 것을 깨닫게 되죠. 단순한 기술보다 고객이 필요로 하는 것을 파악하는 일이 더 중요하다는 것을 뒤늦게 알게 됩니다.

진정 높은 구매 전환을 일으키는 마케팅은 핵심고객의 결핍을 파악하고 그 문제를 내 상품/서비스가 어떻게 해결해줄 수 있는가에서 시작되어야 합니다. 사진이 좀 별로더라도 혹은 영상 편집 기술이 화려하지 않더라도 구매를 촉진시키는 요소는 분명히 있습니다. 그리고 끊임없이 핵심고객의 입장에서 생각하고 그들이 현재 느끼고 있는 결핍이 무엇이며 해결책을 내가 제시해줄 수 있는지를 찾고 연구해야만 합니다. 이 본질을 먼저 파악하셨다면, 다음에서 이야기하는 '고객과 소통하는 광고'의 사례가 더 잘 와닿으실 겁니다.

고객은 어떤 콘텐츠에 댓글을 달까요? 고객의 결핍을 건드리고 보완해주는 콘텐츠들을 알고 계신가요? 콘텐츠 마케팅 전문가인 신태순 대표는 저서 『게으르지만 콘텐츠로 돈은 잘 법니다』에서 이렇게 말합니다.

"다양한 시각으로 균형을 맞추려는 사람의 콘텐츠는 제작자로서의 의도를 드러내면서도, 소비자를 배려하는 느낌을 동시에 줄 수 있습니다. 그런 콘텐츠가 더 바이럴되고 더 오래 사랑받는 것은 당연한 이치겠지요."

고객과 소통하는 광고가 필요한 독자님을 위해, 고객을 많이 생각하고 고객에게 필요한 콘텐츠를 발행하여 신뢰를 얻은 예시 몇 가지를 소개해드립니다. 특히 다음에 소개되는 예시의 브랜드 및 개인들은 고객과의 소통을 중요시 여기고, 고객이 원하는 것을 상품/서비스에 담아내어 구매 전환으로 연결시키고 있습니다. 각각의 예시마다 나의 사업에 벤치마킹하여 적용할 점이 있는지 찾아서 적으며 읽으시면 많은 도움이 될 것입니다.

'피부가 먹는 건강한 한 끼, 요리화장품'이라는 콘셉트의 브랜드인 코스메쉐프를 운영하고 있는 이수향 대표는 페이스북과 인스타그램에서 고객과 소통하며 고객이 일상에서 필요로 하는 제품을 선보이며 브랜드의 신뢰를 높이고 있습니다.

이수향 대표의 페이스북

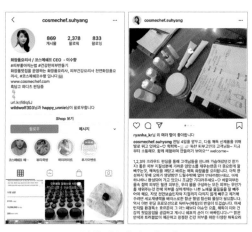

이수향 대표의 인스타그램

특히 이수향 대표는 상품을 개발하는 과정부터 시행착오를 겪는 과정, 직접 써 보며 상품의 효과를 설명하는 것 등 상품과 브랜드, 그리고 대표인 자신이 가지는 가치관을 모두 게시글로 작성하여 고객과 소통했습니다. 그 결과, 이수향 대표는 소통하는 팔로워를 상품에 대해 애정을 같이 가지는 진성 고객으로 만들며 '우리'의 상품을 만들어 출시했어요. 그렇게 만든 제품들을 차근차근 와디즈에서 선보이며 6차 펀딩 만에 1억 원 이상의 펀딩을 받게 되었습니다.

코스메쉐프 와디즈 펀딩

또한 상품에 대한 아이디어를 소비자가 직접 내보는 이벤트를 진행하며 브랜드가 일방적으로 만드는 상품이 아닌 '우리'의 상품을 만들려는 모습을 지속적으로 보여주고 있습니다.

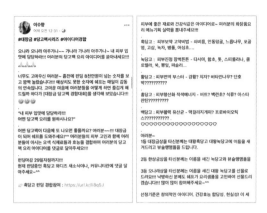

2 왓챠

　이렇게 고객과 소통하는 광고는 1인 기업, 스타트업뿐 아니라 큰 브랜드에서도 많이 활용됩니다. 한 예로, 영화 추천 프로그램 서비스를 개발한 소프트웨어 회사인 왓챠는 한글날 맞이 이벤트로 고객과 소통하는 광고를 진행하여 고객의 댓글 참여를 활발히 일으켰습니다.

마찬가지로 책의 저자들도 책을 집필하는 과정을 유튜브 라이브 방송으로 고객과 소통하며 책을 집필하고 있다는 것을 적극적으로 알린 바 있습니다. 그 결과 추후 책을 읽게 되는 예비 독자, 마케팅을 필요로 하는 독자들이 기존 마케팅 실용서에서 부족하다 느꼈던 부분에 집중하여 책을 보완할 수 있었습니다.

또 개인이나 브랜드는 상품을 출시한 후에도 고객과 적극 소통하기도 합니다. 신태순 대표의 저서 『게으르지만 콘텐츠로 돈은 잘 법니다』를 저자 안혜빈의 유튜브 '혜님TV' 채널 라이브 방송에서 소개한 적이 있습니다. 이날 실시간으로 100명 이상의 시청자가 참여했고, 라이브 방송에서 소통하며 진행된 이벤트로 인스타그램에 단 며칠 만에 23개 이상의 후기가 올라오는 등 소비자가 적극적으로 책과 라이브 방송의 후기를 남김으로써 2차 소통 및 자발적인 마케팅 활동이 진행되었죠.

해당 책에 대한 광고는 저자 김민정의 인스타그램 계정 @happy_unnie에서도 확인하실 수 있습니다. 책이 출판되기 전 저자가 직접 요약한 저서 요약본을 나눠주는 이벤트를 진행한 적이 있는데, 팔로워들

이 해당 요약본을 원하는지 직접적으로 물어보는 글에서 얼마나 많은 고객이 이 상품을 원하는지 알 수 있었습니다.

마케팅 글쓰기를 배운다고 해서 하루아침에 고객의 마음을 사로잡는 글을 쓸 수 있는 것은 아니다. 아니, 거의 불가능한 일일 것이다. 그러나 분명한 것은 글은 쓸수록 실력이 는다는 것. 글을 쓰고 나서 고객의 참여도, 반응도를 매일 체크해 보며 하루하루 좋아질 것에 초점을 두고 진행하길 바란다. 처음부터 완벽한 글을 쓰고자 하는 마음이 있다면 그 마음부터 내려놓아라. 그 마음이 글쓰기를 막막하고 하기 싫은 일로 만들어 버릴 것이다. 글쓰기는 나날이 좋아질 수 있다. 매일 잘 쓰인 칼럼이나 상세페이지, 소통 글들을 읽어 나간다면 나도 모르게 잘 쓰인 글에 익숙해지기 시작할 것이다. 글은 '잘 쓰는 것'보다 내가 전하고자 하는 바를 효과적으로 '잘 전달하는 것'에 초점을 두어야 실패하지 않는다.

고객의 리뷰를 유도하는
SNS 소통 스킬

독자님은 고객의 리뷰를 유도하는 SNS 소통 스킬에 대해 알고 계신가요? SNS에서 무언가를 파는 사람들에게는 가장 중요한 것이 고객의 리뷰, 사용 후기입니다. 가장 중요한 것은, 고객의 구매 후기가 아닌 사용 후기라는 점이에요. SNS에서 무언가를 파는 우리는 '어떻게 하면 고객의 좋은 리뷰를 받을 수 있을까?'를 고민해야 합니다. 여기 고민하는 우리를 위한 꿀팁 3가지가 있습니다.

1 질문하기

고객의 의견을 물어보는 글을 올릴 수가 있습니다. 예를 들어 다른 고객의 사용 후기나 나의 제품 사용 후기를 올리면서, 고객의 사용 후기는 어땠는지, 어떻게 도움이 되었는지 물어볼 수 있어요. 또 내가 현재 제품을 제작하는 과정에서도 고객에게 의견을 물어볼 수 있습니다.

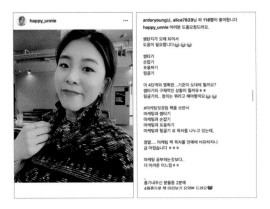

2 이벤트

이벤트에도 여러 종류가 있지만 가장 고객 반응이 좋은 이벤트를 소개할게요.

① 사진/동영상 리뷰 이벤트

이 이벤트는 고객의 진심이 담긴 생각을 알아볼 수 있는 이벤트로 본 상품을 증정하거나 고객의 다음 구매를 위해 쿠폰 적립, 포인트 적립을 해 주는 등으로 많이 진행됩니다. 이는 단골 고객을 만드는 스킬이기도 하죠.

이렇게 진행한 이벤트를 리그램으로 우리 계정에 가져와 신뢰성 자료로 활용할 수도 있습니다. 우리 제품을 사용하는 고객들이 해당 해시태그를 사용하여 우리 제품에 대한 리뷰를 게시글로 남길 수 있도록 하는 이벤트를 만들어요. 그리고 나서 그 후기들을 우리 계정에 리그램 하면서 감사 인사를 하는 것입니다. 이때 가장 구매 후기를 정성스럽게 작성한 사람들에게 제공하는 또 다른 이벤트와 혜택을 기획할 수 있습니다.

② 댓글 이벤트

댓글 이벤트는 고객의 참여를 유도하는 이벤트 중 가장 쉽게 진행할 수 있는 이벤트입니다. 반응 또한 적극적이고 좋은 편인데요, 지인을 태

그할 필요도, 내 게시글에 리그램을 할 필요도 없기 때문이죠. 예를 들어, 고객에게 연속으로 특정 단어(다섯 단어)를 연속하여 한 단어씩 댓글을 달아 특정 단어를 완성하는 사람에게 선물을 하는 방법도 있습니다. 또 다른 방법으로는 우리가 랜덤으로 게시글에 댓글을 달 때 우리 댓글 위에 댓글을 단 사람이 선물을 타는 형식도 있어요. 특히 화장품 브랜드 에스쁘아의 경우, 고객의 의견을 물어보며 상품에 대한 고객의 반응을 직접적으로 알아보는 이벤트를 많이 진행하고 있습니다.

댓글로 고객의 의견을 물어보는 이벤트는 고객과 소통하며 고객이 원하는 것이 무엇인지 파악하기 좋아서 많은 브랜드/1인 기업에게 추천드리는 방식입니다.

또 위 브랜드처럼 콘셉트와 맞는 특정 단어를 키워드로 선정하여 그 단어와 관련된 고객의 이야기를 댓글로 적을 수 있도록 할 수도 있습니다.

3 소통하기

고객과 소통하는 것은 좋은 리뷰를 받기 위해 놓치지 말아야 할 아주 중요한 부분입니다. 온라인 마케팅에서 고객과의 소통은 어떻게 해야 하나요? 하고 물어보시는 분들이 많습니다. 처음 인스타그램 계정을 만들고 피드를 채운 뒤 하는 그다음 작업은 핵심고객에게 찾아가 댓글로 소통하는 일입니다. 그동안 받아왔던 댓글 중 기분 좋았던 포인트들을 기억해내어 비슷하게 댓글을 다는 것이죠. 예를 들면 열이 나는 아이를 걱정하며 올린 피드에는 "헉… 39도면 울 ○○이 많이 힘들겠어요… 열이 빨리 떨어지기를!!"이라고 공감과 쾌유를 빌어주는 응원의 말을 댓글로 달면 긍정적인 다음 소통으로 이어질 수 있게 됩니다.

이런 따뜻한 응원의 댓글을 받은 잠재 고객은 내 피드에 다시 찾아와 주기도 하고, 만약 내 계정에 그들이 필요로 하는 콘텐츠나 공통된 관심사가 있다면 더 자주 보기 위해 맞팔도 하게 됩니다. 이러한 소통에 그치지 않고 지속적으로 피드의 이미지와 글을 통해 대화하고 싶게 장치를 두는 것이기도 하죠. 가만 보면 보기에 완벽한 글에는 댓글이 잘 달리지 않더라고요. 특히나 사람들은 대부분 상대의 부족한 부분을 채워주거나 도움이 되는 사람이고 싶은 심리가 있기 때문입니다. 나의 부족함을 드러내고 도움을 구하면 사람들은 적극적으로 참여 댓글을 달아줍니다.

이미 나와 맞팔이 되어 있는 인친들에게도 자주 찾아가 댓글을 달기 위해 일상피드를 보게 되면 내 핵심고객들의 평소 생각, 느끼고 있는 문제, 필요로 하는 것들을 알 수 있습니다. 이 과정을 통해 콘텐츠나 판매율을 높일 수 있는 다음 상품에 대한 아이디어를 얻을 수도 있습니다. 혹은 이미 판매되고 있는 상품들의 보완점을 찾는 것에도 많은 도움이 됩니다.

액션 코치의 미션 TALK

현재 내가 파는 상품에 대해 '어떻게 하면 고객의 좋은 리뷰를 받을 수 있을까?'를 고민해보자. 앞서 나온 3가지 스킬 중 1가지를 적용해보자. 특히 1번과 3번은 조금 더 적극적으로 활용하여 고객의 소리에 귀를 기울여보는 것이 좋다.

STEP 9

10배 더 잘 팔리게 만드는
마케팅 글쓰기 기술

우리나라에서 제품을 잘 판매하기 위해 가장 많은 시간과 노력을 쏟는 곳이 어디라고 생각하시나요? 바로 펀딩 플랫폼 와디즈입니다. 와디즈는 상품 하나당 상세페이지 제작 비용이 상당합니다. 특히 기존 시장에 존재하지 않았거나 새로운 제품들 또는 기존 상품들을 보완한 새 제품이 와디즈에서 펀딩되기 때문에 그만큼 소비자들에게 어필을 많이 해야 하고, 개입도를 높여야 하죠.

와디즈를 보면 상세페이지 기술을 분석할 수 있습니다. 다음의 자료는 와디즈에서 펀딩 달성율 최소 1,000% 이상에서 최대 14,243%, 매출로는 최소 4,000만 원에서 최대 약 10억 원 이상의 상품들 50여 개의 상세페이지를 분석하여 공통적인 부분을 정리한 것입니다. 분석한 내용을 모두 책에 싣고 싶지만, 이 부분만으로도 책 한 권이 나올 것 같아 추후 추가적인 분석 자료는 운영 중인 커뮤니티 카페나 저자들의 인스타그램에 공유하도록 하겠습니다.

잘 팔리는 상품의 상세페이지 공통점 TOP 11

첫째, 상세페이지의 도입부에서 후기를 가장한 광고를 진행합니다.

다양한 니즈가 있는 고객들은 어떤 광고에 마음을 사로잡히게 될까요? '간접화법'으로 상품의 니즈가 없는 사람들까지도 잡는 것이 바로 후기입니다. 우리 제품은 이러이러해서 좋아요, 이러이러한 상황에서 필요해요 등을 '첫' 부분에 고객의 후기를 통해 간접적으로 상품의 가치를 드러내는 것이죠. 상세페이지를 보는 잠재 고객의 니즈를 실구매자의 후기나 미리 상품을 사용해본 사람의 후기로 끌어올려주는 것입니다. 이를 뒷받침해 주기 위해 광고대행사 대표님과의 대화 내용 중 일부를 덧붙여봅니다.

"대표님, 고객이 가장 신뢰할 만한 광고는 어떤 광고일까요?"

"고객이 신뢰할 만한 광고는 첫 번째도 후기, 두 번째도 후기, 세 번째도 후기입니다."

- 10년 차 대기업, 스타트업 전문 광고대행사 인스텝스 김기현 대표와의 대화 중에서

둘째, 전문가의 말, 전문적인 자료를 인용합니다.

전문 자료를 통해 사실을 기반으로 고객이 내 상품/서비스를 사용함으로써 얻게 될 이득을 강조합니다. 판매자의 언어가 아닌 전문가의 언어, 혹은 자료를 이용함으로써 내 상품/서비스에 대한 신뢰도를 높이는 효과를 가져오게 됩니다.

셋째, 문제 제기를 합니다.

'과연 그렇다면 나의 ○○은 괜찮은 것일까?' 잠재 고객이 '어? 이거 내 얘기인데??'라고 느끼게 하면서 현재 가지고 있는 문제점을 스스로 되짚어보도록 하는 것이에요.

넷째, 상품/서비스의 가치를 강조합니다.

주로 상세페이지의 클로징 부분에서 많이 활용하는 방법인데요. 바로 '이런 분, 이런 분, 이런 분에게 이 상품이 꼭 필요합니다.'와 같이 내 상품/서비스의 핵심고객층을 직접적으로 언급하는 것입니다.

다섯째, 상품/서비스의 차별성을 강조합니다.

내 상품/서비스를 비슷하지만 다른 상품/서비스와 비교하며, 차별점이 무엇인지를 강조합니다. 핵심고객들이 느끼고 있던 결핍을 충족시킬 수 있음을 드러내는 것이에요. 타 브랜드가 아닌 자사의 기존 상품을 빗대어 이야기할 수도 있고, 시장에 없던 상품/서비스라면 기존에 소비자가 이용하고 있던 대체 상품을 빗대어 이야기하기도 합니다.

여섯째, 최대한 시각화한 자료를 활용합니다.

같은 내용의 후기라 하더라도 비포 앤 애프터를 이미지로 보여주는 것과 글로써 표현하는 것은 고객에게 다가가는 임팩트가 분명히 다릅니다. 그렇기에 고객의 후기, 문제 제기, 상품의 가치 드러내기, 차별성 강조하기 등 모든 단계를 최대한 시각화한 자료로 나타내주셔야 합니다.

일곱째, 나의 상품/서비스를 대체할 수 있는 기존 제품/서비스들과 비교를 진행합니다.

이 단계에서는 기존 제품들과 다른 차별성을 강조함과 동시에 내 상품/서비스가 기존 상품/서비스가 가지고 있었던 단점을 보완하였다는 것을 분명하게 보여줍니다.

여덟째, 안정성/특허성을 보여줍니다.

상품의 경우 특허받은 기술이 있다면 상품 상세페이지에도 분명하게 표기하는 것이 좋아요. 또한 안전에 대한 부분도 반드시 안전마크 등을 표기하는 것이 고객들에게 신뢰를 주는 요인이 됩니다.

아홉째, 호환성을 강조합니다.

특히 상품의 경우에 다양하게 사용할 수 있음을 보여주면서 높은 활용도를 강조하는 것이에요. 이렇게 하면 고객들은 가성비 좋은 제품으로 인식하기 때문이에요.

열째, 고객의 구매 저항선을 낮춰줍니다.

고객이 내 상품/서비스에 의문을 가질 만한 부분, 구매 결정을 망설이는 부분을 미리 상세페이지 하단에 Q&A 또는 FAQ(자주 묻는 질문)로 보여주는 것이에요. 이렇게 함으로써 고객이 구매를 망설이는 이유를 하나씩 제거하는 효과를 가져올 수 있답니다.

열한째, 고객의 행동 유도를 이끌어냅니다.

상품을 살 수 있는 기간을 한정하거나, 한시적으로 가격을 인하하거나, 단품보다 가격 할인이 더 많이 되는 세트 상품을 구성하는 등 프로모션을 통해 고객의 행동 유도를 이끌어낼 수 있습니다.

액션 코치의 미션 TALK

와디즈 사이트를 직접 들어가보자. 그리고 내가 사고 싶은 느낌이 드는 상품의 상세페이지를 보고 앞의 공통점들에 해당하는 부분이 어떻게 작성되어 있는지 분석해보자.

인스타그램과 블로그 글쓰기는 어떻게 달라요?

'텍스트 기반의 블로그 VS 사진 기반의 인스타그램'

둘 다 현시대에 대표적인 마케팅 채널로 이용되지만, 목적에 따라 홍보성 콘텐츠를 발행할 때 글을 작성하는 데 있어서는 큰 차이를 보입니다. 가장 큰 차이점은, 블로그는 글을 길게 쓸수록 개입도가 높아지고 채널의 특성상 긴 글 속에 담긴 구체적인 정보성 콘텐츠가 많이 소비되는 채널입니다. 반면, 인스타그램은 글자 수의 제한도 있고 보편적으론 짧고 임팩트 있는 글과 이미지가 많이 소비되는 채널이죠. 또한 블로그는 각종 글쓰기 툴(쉼표, 네모박스, 형광펜, 글감 중간 이미지 삽입 등)이 구체적이고 다양하게 제공되지만, 인스타그램에는 이미지를 보정하는 필터는 있어도 글쓰기와 관련된 툴이 없습니다. 블로그는 본문에 링크 삽입이 가능하지만, 인스타그램은 링크 삽입이 안 되죠(프로필에서만 단 1개의 링크 삽입이 가능합니다). 이런 기본적인 차이로 인스타그램과 블로그의 글쓰기 방법도 차이가 크게 나타납니다.

가장 본질적으로는 유저들이 해당 채널들을 이용하는 목적에 따라서도 크게 차이점을 보이는데요, 정보를 얻기 위해 '검색' 기반으로 블로그를 이용하는 소비자와, 관심사 기반의 소통, 정보 교류, 스낵 콘텐츠 소비를 위해 '해시태그'와 '이미지' 기반으로 인스타그램을 이용하는 소비자로 나뉩니다. 이 부분을 이해하고 글쓰기의 차이점을 3가지씩 정리해본다면 이렇게 정리할 수 있겠습니다.

1 블로그

첫째, 글의 중간중간 이미지 삽입 및 다양하고 섬세한 글쓰기 툴을 이용합니다. 긴 글에서 소비자들이 지루하지 않게 끝까지 글을 읽는 것에 중점을 두고 작성해야 합니다.

둘째, 일상을 공유하는 것만으론 안 됩니다. 일상 속에서도 반드시 정보성이 있어야 하며, 유익함에 초점을 두고 글을 작성해야 합니다.

셋째, 검색을 통해 유입되는 것이 크기 때문에 '검색 될 수 있는 것'에 초점을 두고 글을 작성해야 합니다. 키워드, 해시태그, 제목과 본문, 키워드의 연관성을 생각하며 글을 작성해야 합니다.

2 인스타그램

첫째, 이미지가 먼저 선택되고 후에 글이 보여지기 때문에(피드나 해시태그 검색 시 이미지만 먼저 노출됨) 첫 번째 장에 업로드할 이미지를 신중하게 선택해야 합니다.

둘째, 피드에서 이미지와 1~2줄의 글만 노출되므로 첫 장 이미지와 1~2줄의 글이 선택될 수 있도록 1~2줄의 글을 임팩트 있게 작성해야 합니다.

셋째, 인스타그램은 '해시태그'로 관심사를 묶고 필요한 정보를 찾는 채널입니다. 따라서 글 중간중간 소비자가 검색할 만한 해시태그를 10~12개 사이로 적절히 사용해줍니다(댓글 부분에 해시태그를 달아도 검색에 노출됩니다).

액션 코치의 미션 TALK

인스타그램과 블로그가 다르다고 해서, 둘 중 하나만 이용하는 것보다 둘의 차이점을 이해하고 콜라보 마케팅을 하는 것이 좋다. 이번 에피소드를 잘 이해했다면, 이 책의 마지막 에피소드에 포함된 '인스타와 네이버 콜라보 마케팅' 내용을 참고하여 두 채널을 효율적으로 사용할 방법을 생각해 보자.

인스타그램에서 팔로워
1,000명으로 매출 올리는 법

이 이야기를 하기 전에 반드시 짚고 넘어가야 할 것이 있습니다. 인스타 그램을 이야기할 때 팔로워를 돈 주고 샀을 때의 장단점에 대해 많은 질문을 주십니다. 먼저 말씀드리고 싶은 것은 분명히 마케팅을 하는 데 있어 투자는 필요하다는 부분이에요. 만약 현재 비용에 있어서 여유가 있으시다면 마케팅 비용을 들여 외주를 주는 것도 분명히 하나의 방법이 될 수 있어요. 비용이 부담이 된다고 하신다면 돈이 아닌 다른 투자가 분명히 필요하죠. 그리고 그 다른 투자의 대표적인 것은 바로 시간입니다.

바로 이런 부분에서 인스타그램의 팔로워 늘리는 작업을 사느냐, 키우느냐, 뭐가 다르냐 등에 대해 많이 고민하시고 질문을 주시는 것 같습니다. 특별히 권해드리고 싶진 않지만, 분명히 궁금해하시는 부분이기에 팔로워를 사는 것에 대해 장단점을 짚고 넘어가도록 하겠습니다.

필요에 따라서는 보여지는 것이 중요할 경우 팔로워를 구매해서 채우는 것도 나쁘지 않습니다. 장점은 딱 하나! 보여지는 부분에 있어 '있어 빌리티' 하다는 것입니다. 단점을 이야기해 보자면 가장 큰 단점은 구매 전환율이 0이라는 것인데요. 외국인이나 내 브랜드, 상품과 전혀 상관 없는 팔로워를 사서 채웠으니 이러한 결과는 당연하다고 볼 수 있습니다. 더 나아가 심각하게는 인스타그램 자체적으로 이러한 행위를 싫어하기 때문에 어느 날 갑자기 계정에 쉐도우밴이 자주 걸리거나 아예 사라져 버릴 수도 있다는 것이죠. 팔로워가 1만인데 댓글이 하나도 없거나, 좋아요가 100이 채 안 되거나, 구매가 단 하나도 이루어지지 않는 현상을 주변에서도 종종 볼 수 있습니다.

처음에 비용을 들여서 팔로워를 채워놓고 시작을 한다고 해도 제대로 된 마케팅의 효과를 보고자 한다면 거기서 끝내면 안 된다는 거예요. 이해를 돕기 위해 가게로 비유해 보자면 오픈하고 손님이 오지 않으니, 돈을 주고 손님을 모객 하는 행위를 매일 반복하는 것과 같습니다. 보기엔 손님이 늘 줄을 서는 맛집 같아 보이나 실상 적자이거나 매출이 전혀 발생되고 있지 않은 거죠.

팔로워를 구매했을 경우 이 부분을 활용하여 마케팅적인 시너지를 내고자 한다면 팔로워를 채운 후 진성 팔로워, 즉 핵심고객을 찾아 소통하고 유입하는 과정을 유료 대행에 맡기거나 직접 진행하여 시너지를 낼 수 있습니다. 이때 팔로워 0에서 시작하는 것과 같되, 남들이 보기엔 구매한 팔로워라도 어느 정도 채워져 있으니 '있어빌리티' 하다고 생각하시면 됩니다. 개인적으론 계정에 좋지 않은 영향이 더 많다 보니 추천드리지 않습니다.

조금 더 풀어서 말씀드리자면 예를 들어 나는 아동복이나 아동 관련 잡화 상품들을 취급하고 있다고 생각해볼게요. 비용을 들어서 산 팔로워들은 정밀한 핵심고객이 아니기에, 남녀 구분도 되기 힘들고 연령대를 맞추기도 쉽지 않죠. 즉 나는 육아맘들이 내 핵심고객인데 내가 직접 핵심고객을 대상으로 팔로워를 모은다면 100명을 목표로 두었을 때, 해시태그나 관심사, 거인마케팅을 통해 최대한 내가 원하는 핵심고객에 맞춰 모을 수가 있습니다. 반면, 돈을 주고 산 팔로워들은 대부분 외국인 계정이거나 출처를 알 수 없는 한국인 계정이기에 같은 100명이라도 나의 핵심고객인 육아맘의 비율이 얼마나 될지 알 수 없습니다.

여기서 함께 생각해 볼 포인트는 '나에게 핵심고객으로 구성된 팔로워는 얼마나 도움이 되는가?'입니다. 우리는 그냥 취미로 인스타그램 팔로워를 모으는 것이 아닙니다. 핵심고객으로 구성된 팔로워를 통해 매출 전환을 이루기 위해서인데요. 그렇기 때문에 보여주기 식의 팔로워를 돈 주고 살 수는 있지만, 결과적으로 핵심고객을 대상으로 팔로워를 늘리는 것이 필수라고 할 수 있습니다.

인스타그램에서 '좋아요'의 역할은 뭘까요? 네이버의 공감 하트, 유튜브의 좋아요처럼 인스타그램의 좋아요도 고객이 내 글에 얼마나 공감하고 얼마나 내 글을 긍정적으로 보았는지 객관적으로 판단할 수 있는 수치상의 데이터입니다. 한 게시글에 좋아요가 많이 나오면 고객의 군중

심리가 자극되면서 '어, 이게 뭔데 이렇게 사람들이 좋아요를 클릭했지?' 라는 생각이 들게 되죠. 또한 인스타그램의 상위노출 개념인 인기게시물 노출에도 좋아요가 큰 영향을 미치고 있습니다.

그런데 이제 한국에서도 '좋아요 수 숨기기'가 시범적으로 운영되고 있습니다. 상업 계정들이 인스타그램 안에서 좋아요 수를 인위적으로 조작하다 보니 인스타그램도 이에 대응하여 "모든 사용자가 자신을 자유롭게 표현할 수 있는 플랫폼"으로 거듭나기 위한 절차를 밟고 있어요. 이렇더라도 계정 사용자는 자신의 게시글에 달린 좋아요 개수가 몇 개인지를 볼 수 있기 때문에 이제는 정말 고객과의 관계형성(댓글로 나타날 수 있는), 고객에게 제공하는 콘텐츠에서 고객의 진정성 있는 반응을 볼 수 있을 겁니다.

인스타그램이 '좋아요 수 숨기기' 기능을 한국에서 시범 운영한다. (인스타그램)

출처 아이뉴스

고객이 내 게시글을 얼마나 긍정적으로 읽었는지는 '좋아요'뿐 아니라 '댓글'로도 확인할 수 있습니다. 사실 좋아요 수에 비해 댓글 수가 현저히 적다면(예: 좋아요 500개, 댓글 10개 미만) 이는 고객이 진정성 있게 본 게시글이라 하기 어렵습니다. 인스타그램에서는 고객의 참여를 유도하는 게시글로 고객의 반응을 이끌어 내는 것이 중요합니다. 가장 좋은 것은 고객이 내 게시글을 읽고, 댓글로 지인들의 계정을 달아 '지인에게 공유하고 싶게끔 하는' 요소가 있는 게시글이에요. 이렇게 만들려면 고객을 위한 양질의 콘텐츠를 생산하는 것이 중요합니다.

 액션 코치의 미션 TALK

인스타그램에서 진성 댓글 10개 이상 달리는 것을 목표로 해 보자. 그리고 진성 댓글이 잘 달리는 계정을 5개 정도 리스트업 후 해당 계정을 분석하여 나에게 적용할 점 5가지를 정리해 보자.

CHAPTER 3

마케팅과 포옹하기

마케팅 성공의 전제조건

고객은 당신의 상품을
필요로 하지 않는다

가정을 해 보겠습니다. 제가 만약 탈모 샴푸를 판매하는 브랜드라면 이 것을 필요로 하는 핵심고객 중에서 여성이 많은지 남성이 많은지, 시기 적으로는 어떤 연령대가 필요를 느끼고 제품을 찾고 있는지 등의 세밀 한 이해와 분석을 위해 관련 커뮤니티를 찾아 첫 번째 데이터를 수집할 것입니다. 고객은 어떨까요? 탈모로 고민하고 탈모 샴푸를 찾는 나의 핵 심고객은 효과 좋은 탈모 샴푸 후기를 보거나 고민을 털어놓고 제품 추 천을 받기 위해 어떤 액션을 취할까요? 이에 대한 답은 아래에서 더 심 도 있게 다뤄 보도록 하겠습니다.

브랜드의 핵심고객 설정이 왜 필요한지, 그들을 어떻게 찾는지는 이 미 앞에서 배웠습니다. 이제 막 시작한 스타트업이나 1인 기업, 프리랜서의 경우 특히 뾰족하고 구체적으로 핵심고객을 설정해야 한다고 말이죠. 여기서 좀 더 쉽게 핵심고객을 모으는 팁을 하나 드리면 도움이 되실까요? 이는 바로 '아무나'에 속하는 1만 명이 아닌, '내 상품을 사용하고 감동하여 좋은 후기를 남기고, 지인에게까지 소개해줄 수 있는 팬 1,000명'을 먼저 모으는 것입니다. "성공한 사람이 되기 위해서는 '100만'이라는 숫자는 필요하지 않다. 당신에게 필요한 건 1,000명의 진정한 팬 뿐이다." 팀 페리스의 『타이탄의 도구들』이라는 책에서도 이렇게 이야기하고 있어요.

1,000명의 팬을 확보하라! 성공은 복잡할 필요가 없다! 그냥 1,000명의 사람을 지극히 행복하게 만들어주는 것에서 시작하면 된다.

- 책 『타이탄의 도구들』 중에서

1,000명이 힘들다면 100명으로 먼저 잡고 시작해도 좋습니다. 100명을 목표로 그 100명을 만족시키는 브랜딩을 하다 보면, 1,000명까지는 수월하게 도달할 수 있을 거예요. 이 핵심고객 설정 방법들은 앞에서 다루었으니, 이제 핵심 잠재 고객을 찾는 방법부터 알아볼게요.

핵심고객을 찾으려면 우리 브랜드의 고객을 먼저 파악해야 합니다. 물론 앞 단계들에서 나온 '고객의 일상에 스며들어 고객의 시각에서 고객이 현재 느끼는 가장 불편한 점'들을 생각해보아도 좋고, 그에 더해서 이제는 실질적으로 고객의 고민을 객관적으로 찾아보고 내가 그것을 해결해줄 수 있는지를 보아야 합니다. 고객의 고민을 객관적으로 알아보려면 이렇게 할 수 있어요. 이미 검색할 수 있는 것들을 활용하여 데이터를 수집, 활용하는 것이죠. 이렇게 할 수 있는 2단계 과정을 함께 볼게요.

1) 핵심고객이 자주 검색하는 키워드를 알고, 그들이 평소 제품을 찾는 검색 경로를 파악합니다.
2) 핵심고객이 주로 활동하는 온라인 플랫폼, 커뮤니티로 들어가 그곳에서 고객이 올리는 글들을 보며 고객의 고민을 파악합니다. 여기에서 내가 고객의 고민에 답을 남긴다면 고객이 나에게 느끼는 호감도가 더 올라갑니다.

이러한 온라인 플랫폼, 커뮤니티에서 핵심고객을 찾았다면 이들을 우리의 마케팅 계정으로 유입 전환을 합니다. 우리가 어떤 브랜드인지 또는 어떤 사람인지를 볼 수 있도록 해야 합니다. 이때 내 마케팅 계정에 고객에게 도움이 될 정보들이 콘텐츠로 가득 채워져 있다면, 고객은 '아, 이 사람/브랜드는 나에게 이득이 되는구나.'라고 느끼며 내 마케팅 채널을 계속 살펴보게 될 것입니다.

사실 우리는 처음부터 고객의 결핍과 니즈를 파악하여 핵심고객을 위한 콘텐츠를 만들었고, 마케팅 채널 안에서 모든 것을(예: 인스타그램의 경우 프로필, 해시태그, 이미지, 콘텐츠, 글, 마케팅 글쓰기 등) 전략적으로 구상해서 고객에게 매력적으로 보이도록 만들었습니다. 따라서 고객은 우리가 제공하는 콘텐츠에 흥미를 느끼고 우리의 제품에 긍정적인 간접 경험을 하게 됩니다. 우리는 이렇게 정말 내 제품이 필요한 사람들에게 먼저 다가가 초반에 매출을 올릴 수 있는 것이죠. 그 후 고객의 사용 후기가 쌓이면 우리는 그것을 신뢰성 자료로 활용하여 노출시키며 신규 고객을 유입할 수 있습니다.

처음에 핵심고객 모으는 작업을 하고 나면, 그 이후에는 우리의 브랜드 계정이 브랜딩 되어가고 있기 때문에 나중에는 우리가 고객을 먼저 찾는 시간이 점점 줄어들면서 결국 고객이 필요에 의해 우리를 찾아오는 구조가 됩니다. 하지만 명심하세요. 고객과의 진심 소통은 놓으시면 안 됩니다. 마케팅 성공 열쇠는 내 브랜드(상품/서비스)의 팬을 만들고 그들과 끈끈한 신뢰 관계를 구축하는 것입니다.

사실, 이 책에서 계속 이야기하고 있는 것처럼 애당초 고객과 소통하며 고객이 필요한 상품을 만들어내면 그 브랜드는 성공할 수밖에 없습니다. '브랜드에서 출시한 상품'보다는 '우리가 함께 의견을 주고받아 만들어낸 상품'이라는 생각이 고객의 머릿속에 자리 잡기 때문이죠.

고객과의 신뢰 관계는 브랜드의 리뷰에서도 보입니다. 좋은 리뷰가 많은 쇼핑몰들이 성공할 수밖에 없는 이유가 여기에 있죠. 보통 온라인에서 상품 구매를 할 때 어떤 것을 가장 많이 보세요? 저는 상품에 흥미가 생기면 보통 사용 후기를 먼저 찾아봅니다. 이때 주의할 점은 제품의 '구매 후기'가 아니라 '사용 후기'라는 것입니다.

왜 그럴까요? 구매를 망설이는 타이밍에, 이미 구매한 다른 사람의 후기(비포&애프터)를 통해 간접적으로 경험하고 의사결정을 하고 싶기 때

예: 티르티르 쇼핑몰의 사용 후기란

예: 무로 보타곤 운동화의 사용 후기란

문이죠. 그래서 쇼핑몰들은 보통 후기 관리에 많은 노력을 쏟습니다. 다양한 핵심고객의 니즈를 알고 계속 가지고 가야 할 상품의 좋은 점도 알 수 있지만, 우리가 꼭 해야 할 것은 고객이 언급한 아쉬운 점, 단점들을 보고 '이 부분을 어떻게 보완하지?'를 고민하는 것입니다. 고객의 사용 후기를 통해 후기에 언급된 단점들을 보완하여 다음에 출시할 제품들은 업그레이드해서 내놓게 되면, 소비자는 '아, 이 브랜드는 고객과 소통하고 고객의 의견을 받아들이는 회사구나.'라고 생각하겠죠? 그래서 우리가 인스타그램에서든, 스마트 스토어에서든 특정 플랫폼에서 나의 상품/서비스를 판매할 때에는 고객에게 신뢰를 줄 수 있는 긍정적인 사용 후기가 필요합니다.

그럼 고객의 좋은 사용 후기를 받기 위해서는 우리가 어떤 액션을 취해야 할까요? 그리고 그 좋은 후기가 쌓였을 때, 우리는 이것을 어떻게 활용해야 하는 걸까요? 해답을 3단계로 나누어 알려드리겠습니다.

1) 고객에게 판매를 하기 전까지는 '어떻게 하면 핵심고객이 내 상품을 구매하도록 할 수 있을까?'에 집중합니다.

2) 고객에게 판매가 이루어지기 전 '어떻게 하면 고객이 내 상품/서비스에 대해 좋은 후기를 주도록 할 수 있을까?'에 집중하여 이벤트나 상품을 기획합니다.

3) 고객에게 좋은 사용 후기를 받고 난 다음에는 후기를 쓴 고객이 브랜드에서 대접받는 느낌이 들 수 있도록 답글, 베스트 후기상 등의 이벤트를 진행하고, 일반 고객이 단골 고객으로, 단골 고객이 팬이 될 수 있도록 합니다.

사실 가장 좋은 것은 첫 구매 고객을 재구매 고객으로, 그다음에는 단골 고객으로, 그리고 팬으로 만드는 것입니다. 그렇게 되면 우리의 팬이 된 고객은 우리가 어떤 상품을 판매하든 우리를 믿고 우리가 제안하는 상품들을 지속적으로 구매할 테니까요(물론 상품의 질은 고객에게 권할 수 있을 만큼 가장 좋아야 합니다!). '이 브랜드가 제안하는 상품은 다 믿을 수 있어. 이 브랜드는 진짜 좋은 것만 제안하더라.'라는 이야기를 들을 수 있도록! 이것이 우리가 나아가야 할 방향입니다. 고객을 팬으로 만드세요. 그리고 계속해서 그들의 신뢰를 얻으세요.

액션 코치의 미션 TALK

마케팅 전문가들은 고객의 입장에서 끊임없이 생각하고 그들이 느끼고 있는 심리적인 요소들을 이해하는 데 노력을 기울인다. 나는 지금 내 고객의 결핍을 파악하는 데 얼마나 시간을 쓰고 있는가? 내 고객이 갖고 있는 욕구를 끊임없이 찾아보고 있는가? 내 고객들이 그것들을 채우지 못했을 때 가질 수 있는 두려움은 어떤 것들이 있을까? 좋은 결과물은 내가 노력을 기울이는 만큼 온다. 오늘 내 노트에 고객에 대해 파악하고 있는 부분을 '구매 전 고민/현재 내 상품이 꼭 필요한 이유/기존에 이용하던 대체 상품에서 느끼고 있던 문제점' 등 각 영역별로 10가지 이상 작성해보자.

마케팅 시작이 막막할 때
이렇게 하세요

독자님, 드라마 〈이태원 클라스〉 보셨나요? 극 중 박새로이가 인적이 드문 곳에 '단밤'이라는 작은 포차를 열고 알아서 고객들이 찾아오기만 기다리다 오픈과 동시에 위기가 찾아온 장면이 있었습니다. 어쩌면 극 중 주인공인 박새로이가 자영업이나 마케팅을 하고 있는 우리들에게 인상 깊었던 이유는, 우리의 모습이 투영 되어서이지 않을까 생각하게 됩니다. 현재 인스타그램 속 내 브랜드 마케팅을 빗대어 보자면, '이태원 = 마케팅 채널'이고 '단밤 포차 = 내 브랜드'인 것이죠. 그 넓은 땅에 수많은 매장 가운데 포차를 처음 오픈한 것이나 마찬가지인 것입니다. 심지어 인적도 드물고 여기가 있는지도 모르는 사람들이 대부분입니다.

자, 그럼 무엇부터 해야 할까요? 단밤 포차가 중고등학생이나 고령의 할머니 할아버지들이 핵심고객이 아닌데 무작정 전단지를 나눠 준다면? 아무에게나 전단지를 나눠 주고 사람을 맞았을 때, 전단지를 받은 사람은 단밤 포차에 관심이 없어 종이만 낭비하는 결과를 초래하겠죠. 내 브랜드도 마찬가지입니다. 내 브랜드의 상품/서비스에 맞게 핵심고객을 먼저 파악해보세요!

액션 코치의 미션 TALK

내 브랜드의 상품/서비스에 맞게 핵심고객 파악하기.

혼자서 모든 것을 해야 하는
마케터는 꼭 읽어보세요

사실, 분명 마케팅에도 선투자는 필요해요. 그것이 경제적인 투자이든, 시간적인 투자이든 말이죠. 하지만 분명한 건 이제 막 마케팅을 시작하시는 분들의 경우, 금전적인 투자 없이도 시간을 효율적으로 활용한다면 혼자서도 마케팅을 잘 할 수 있는 방법은 있다는 것입니다.

어떤 일이든 가장 첫 번째로 해야 할 일은 목표를 정하는 것입니다. 그것은 마케팅에서도 마찬가지예요. 내 상품의 매출을 얼마나 올리고자 하는지, 그리고 브랜딩의 방향 설정은 어떻게 할 것인지 등 내가 마케팅 하는 목표를 분명하게 설정하는 것이 가장 먼저 선행되어야 할 부분입니다.

목표 설정이 되었다면, 이제 그 목표를 어떻게 달성할 것인지에 대한 계획을 세워야겠죠? 이 단계에서 가장 중요한 것은 이 계획을 구체적으로 세울수록 목표를 달성할 확률이 더 높아진다는 것입니다. 내가 마케팅을 하는 상품 혹은 서비스의 핵심고객은 누구인지 등에 대한 것도 상세하게 설정할수록 좋아요. 예를 들어, 아동복 쇼핑몰을 운영하고자 할 경우, 내 잠재 고객은 육아맘이 되겠죠. 만약 취급하는 상품군이 영유아를 대상으로 한 상품들이라면, 5세 이하 아이를 키우는 육아맘을 대상으로 좀 더 핵심고객층을 뾰족하게 좁힐 수 있을 거예요.

핵심고객층까지 설정을 했다면, 이제는 내가 하고자 하는 일을 어떻게 가장 효율적으로 할 수 있을지 자료 수집을 해야 합니다. 이때 가장 효과적으로 자료 수집을 할 수 있는 방법으로 벤치마킹을 추천드려요. 그리고 벤치마킹을 할 때에는 내가 하고자 하는 분야에서 이미 앞서가고 있는 곳들을 보는 것에서 그치는 것이 아니라, 내가 하고자 하는 일과 관계가 없는 분야에 있는 회사도 어떻게 성장을 하였는지 알아보고 벤치마킹을 하여 내 사업에 적용한다면, 더 좋은 아이디어를 얻을 확률이 높아집니다.

자료 수집을 했다면, 이제는 마케팅을 하는 데 있어 내가 직접 해야 할 영역과 아웃소싱 할 부분을 구분하는 것이 도움이 됩니다. 분명 혼자서도 마케팅을 잘할 수 있는 방법인데 왜 군이 아웃소싱을 해야 하지? 이런 생각하실 독자님이 있을 수 있어요.

만약 내가 마케팅 채널로 블로그를 활용하고자 할 경우를 예로 들어보겠습니다. 보다 전문적인 이미지의 블로거로 보이고자 하여 블로그 디자인을 무료로 제공되는 스킨이 아닌, 나만의 스킨으로 제작하고 싶을 경우, 망고보드, 미리캔버스, 캔바 등과 같은 이미지 제작 사이트를 활용하거나 크몽과 같은 재능나눔 사이트를 이용하는 것을 의미합니다.

액션 코치의 미션 TALK

지금 바로 내 사업의 목표를 정해보자. 내가 마케팅을 하는 이유에 대해 구체적으로 생각해 본 후 핵심고객층을 뾰족하게 정의해 보는 것이다. 그러고 나서 내가 알고 있는 성공한 브랜드들 5개를 찾아보고, 각각의 브랜드마다 왜 이 브랜드가 각자의 분야에서 성장을 하였는지, 어떻게 고객의 신뢰를 얻게 되었는지 알아보자. 이 중에 내가 벤치마킹할 점이 있다면, 나는 이것을 어떻게 내 사업에 적용할 것인지를 생각나는 대로 적어보자. 그리고 내 시간을 단축시킬 수 있는 아웃소싱 방법이 있다면, 나는 그것을 어떻게 효과적으로 아웃소싱을 하고 관리할 수 있는지 관리자로서 제대로 알아보도록 하자.

STEP 4

모든 마케팅 채널을 다 하려고 하면 반드시 망한다

물론 시간적 여유가 된다면 가능한 한 많은 고객에게 브랜드를 노출시키기 위해 모든 마케팅 채널을 활용하면 좋습니다. 하지만 스타트업, 1인 기업, 프리랜서에게는 시간이 한정적이고 할 일은 많습니다. 모든 마케팅 채널을 운영할 인력, 비용, 시간적인 부분에서 분명 한계를 느끼셨을 거예요. 그렇다고 대행을 맡기자니 비용도 부담되고 우리 브랜드를 제대로 표현해 주지도 못할 것 같고! 그렇다면 이러한 한계를 극복하여 적은 시간 투자하고 고효율 마케팅을 하려면 어떻게 해야 할까요?

마케팅을 진행해야 하는 입장에서 물론 모든 마케팅 채널을 활용할 수 있으면 좋겠지만, 혼자서 모든 일을 처리해야 하는 우리에게 시간은 한정적입니다. 우리는 이 시간을 정말 효율적으로 써서 매출을 끌어올려야 하겠죠? 그렇기 때문에 모든 마케팅 채널을 다 하려고 하는 것보다는, 가장 자신 있는 마케팅 채널을 선택하는 것이 중요합니다. 내가 가장 자신 있으며 우리의 핵심고객이 주로 활동하는 채널에서 먼저 시작하는 것이죠. 그렇게 마케팅에 흥미를 붙이고 꾸준히 우리 상품이나 서비스를 알리는 것에 에너지를 집중해야 합니다.

앞에서 말씀드린 '우리의 핵심고객이 주로 활동하는 채널'에 대해서 좀 더 구체적으로 이야기해 보겠습니다. 마케팅의 본질은 어디서부터 시작될까요? 바로 '핵심고객'입니다. 고객의 일상으로 들어가서 나의 뾰족한 핵심고객들이 주로 사용하는 마케팅 채널은 무엇인지 생각해봅시다. 그리고 그들이 주로 사용하는 마케팅 채널 1~2개에 주력하여 운영하면, 투자한 시간 대비 핵심고객의 높은 반응률을 이끌어 낼 수 있습니다. 좀 더 나아가면 그 채널에서 핵심고객들이 주로 활동하는 시간대를 파악하여, 그 시간대에 홍보물이나 콘텐츠를 올리셨을 때 더 긍정적이고 높은 구매 전환율을 이끌어 낼 수 있습니다.

여기서 질문! "저는 모든 마케팅 채널을 다 하고 싶은데,(또는 해야만 하는데) 효율적으로 모든 채널을 다 이용할 순 없을까요?"라고 이야기하시는 분들도 계실 것 같습니다. 그분들께 도움이 될 만한 실전 활용 꿀팁을 가져와봤어요. 동기 부여, 성과 향상 교육 유튜브 채널 '혜님TV'의 〈비용 0원!!으로 마케팅 잘 하는 사람 특징〉 편에서 광고 대행사 인스텝스 김기현 대표님 부분입니다. 지금부터 같이 배워보겠습니다.

인스텝스 김기현 대표

    대부분 마케팅을 처음 하시는 분들이 부딪히는 문제가 이것일 것 같아요. 같이하는 사람이 없고, 혼자 하신다는 것. 그런데 또 혼자 모든 마케팅 플랫폼(예: 페이스북, 유튜브, 인스타그램 등)을 진행하려 하니 이 채널들을 혼자 하실 수 없음에도 불구하고 모든 분들이 이걸 다 하고 싶어 하시죠. 그런데 그거 아세요? 이 모든 것을 혼자 할 수 있는 방법이 있습니다. 예를 들어, 부동산 하시는 분 이야기를 해 볼까요? 부동산을 하시는 분들은 여러 공간을 알리시는 것이 목적입니다. 그리고 집을 알아보는 사람 입장에서는 이 공간을 빨리 알고 싶은 것이 목적이죠. 그 장소의 가격도 알고 싶고, 어떻게 생겼는지도 알고 싶죠. 그 공간에 직접 갈 수 없기 때문에 콘텐츠로 간접 경험하고 싶어 하는 것이죠. 그러면 어떻게 할까요?

    이 공간을 알리고 싶은 사람은 그 방에 들어갈 때부터 동영상을 하나씩 찍는 거예요. 고객에게 무료로 줄 수 있는 것을 콘텐츠로 만드는 것이죠. 이다음이 제일 중요합니다. 그걸 찍고 나서 vrew라는 프로그램에 업로드를 하면 무료로 자막을 달아줍니다. 영상 편집을 이것으로 매우 쉽게 끝내고 나면, 유튜브에 올린 이 영상과 자막을 그대로 불러와서 블로그에 올릴 수 있죠. 그리고 내가 포인트라고 생각했던 부분만 캡처하여 인스타그램과 페이스북에도 올리는 겁니다. 이렇게 하면 벌써 채널 4개를 우리가 한 개의 콘텐츠로 응용하는 거죠. 비교적 운영하는 데 시간이 얼마 안 걸리는 거죠.

그럼 어떻게 콘텐츠를 만드는 것이 중요할까요? 바로 그 사람이 나에게 할 것만 같은 질문 위주로 만드는 것입니다. 고객의 입장에서 생각하라는 것이죠.

액션 코치의 미션 TALK

평소 끌렸던 브랜드 채널 3곳의 인기 콘텐츠 분석하기. '아… 어려워… 나는 마케팅을 전공한 사람도 아닌데, 뭐부터 해야 할까?' 만약 마케팅 비전공자라 어려움을 느낀다면 일단 이것부터 시작하라. 마케팅 전공자만이 마케팅을 잘하는 거였다면 현재 우리나라 스타터들의 붐이 일어날 수 없었을 것이다.

최근 급성장하고 있는 스타트업 중 초기 창업 비용 2,000만 원을 가지고 시작하여 월 매출을 수백억씩 내는 의류 브랜드가 있다. 이 브랜드의 대표는 마케팅 전공자가 아니었음에도 불구하고 2년 만에 월 매출 수백억을 돌파하며 마케팅 성공 신화를 써 내려갔다. 저자는 평소 팬심을 가지고 선망했던 한 육아맘의 마켓을 보면서 마케팅 전략을 읽어보는 것으로 시작했다. 얼마의 주기로 새로운 상품을 소개하는지, 사진과 글에 어떤 포인트를 두고 어필을 했는지 분석하면서 비슷한 마켓을 이러한 방식으로 했을 때 얼마만큼의 관심을 모을 수 있을지, 재구매를 하도록 유도할 수 있을지 등의 가상 시뮬레이션을 머릿속으로 돌려보기도 했다. 그러다 저자는 소통하고 있는 인친들에게 이런 상품에 대해 어떻게 생각하는지 직접 여쭙기도 했다. 이처럼 평소 많이 끌렸던 곳의 마케팅 전략을 분석하다 보면 나만의 획기적인 아이디어가 쏟아져 나올 것이다.

나도 모르게 끌리는
그 광고의 비밀

"대표님, 지금 회사 광고를 진행 중인데 생각보다 고객 반응이 없는 것 같아요… 댓글도 별로 안 달리고, 이거 이대로 계속해도 될까요?"

이 직원의 말에 공감하셨다면, 지금부터 아래의 내용을 끝까지 읽어주세요. 그 후에는 고객이 먼저 저장하는 광고를 만들어 내실 수 있을 겁니다. 단, 미션까지 꼭 완수해주세요!

독자님도 나도 모르게 끌렸던 광고가 있었나요? 있었다면 한번 같이 생각해볼게요. 그 광고의 어떤 문구에 끌렸는지, 그 광고에서 이야기하는 스토리가 내 마음에 공감을 불러일으켰는지, 그 광고를 보고 내가 주변 사람에게 공유를 하거나, 구매 전환으로 이어지는 데 얼마의 시간이 소요되었는지도 말입니다.

이런 광고들의 성공 포인트를 나/회사에 적용해보려면 다음을 함께 생각해주셔야 합니다. "내 핵심고객의 고민을 고객의 입장에서 생각해보고, 내 상품/서비스가 그것을 어떻게 해결해줄 수 있는지 생각해 볼 것." 그리고 내가 판매하는 상품/서비스가 왜 핵심고객에게 필요한지, 내 상품/서비스를 대체 가능한 것들을 제치고 왜 나의 핵심고객은 하필 나에게서 필요한 상품/서비스를 구매하여야 하는지 생각해보는 것입니다. 또한 우리는 고객이 상품/서비스를 구매하여 얻을 수 있는 가치(이익)를 광고 속에서 생생하게 묘사하거나 표현하여 가치를 제안할 수 있어야 합니다. 말 그대로 광고 속에서 구매 설득을 이루어 내는 것이지요. 이 과정 속 핵심은 고객에게 억지스럽게 밀어 넣는 광고가 아닌, 고객이 그 가치 제안에 흠뻑 빠져서 "어머, 이건 사야 해!"라고 스스로 느낄 수 있도록 하는 것입니다. 여기서 가장 많은 실수를 하는 것이 이 모든 것을 하나의 글 안에 담는 거예요. 앞으로 상품/서비스를 알리는 사람으로서 기억해야 할 것은 이것입니다.

1) 하나의 글, 하나의 목적(메시지)

어떠한 채널에 글을 쓰든 글을 쓸 때 하나의 글에는 하나의 목적(메시지)이 있어야 합니다. 처음에 쉽지 않을 수 있으니 초반에는 한 글에 고객의 고민 하나를 넣고, 그것을 해결해줄 수 있는 내 제품의 장점들을 넣어보는 것도 좋아요.

2) 첫 줄이나 제목은 고객이 끌리는 마케팅 글쓰기로!

블로그에서 고객의 눈에 가장 띄는 것은 제목이고, 인스타그램에서 고객의 눈에 가장 띄는 것은 이미지와 첫 줄입니다. 인스타그램에서는 이미지에도 문구를 삽입하여 고객이 시각적으로 이미지를 보고 마케팅 글쓰기 문구를 보고 들어올 수 있기 때문에 끌리는 마케팅 글쓰기를 하는 것이 중요합니다. 끌리는 마케팅 글쓰기를 할 수 있는 비법 3가지가 있어요. 이 중 2가지만 함께 써도 고객에게 선택받을 수 있습니다. 그 비법 3가지를 지금 알려드릴게요.

비법 1. 첫 줄에 고객에게 줄 호기심을 넣어라.

비법 2. 고객에게 가치를 제안하라.

비법 3. 자극이나 호기심을 극대화할 숫자를 넣어라.

비법 1의 예시: 3개월 만에 브랜드 마케팅으로 매출을 10배 더 올릴 수 있던 방법은?

비법 2의 예시: 남자친구의 반한 눈빛을 보고 싶다. 하지만 딱 붙는 원피스가 두려운 사람들에게.

비법 3의 예시: 똑똑한 소비를 하기 위한 5가지 체크리스트.

또 첫 줄에는 고객의 시선을 집중시키는 예로 고객의 현재 고민을 쿡 찌르는 말로 시작할 수 있습니다. 이 또한 질문 형식으로 사용하면 고객의 개입도를 확 높일 수 있어요.

3) 고객은 7살

건강에 관한 것이나 전자제품 등 특히 전문용어가 많이 들어가는 제품들에 대한 글을 쓸 때나 말로 설명을 할 때 가장 많이 하는 실수가 있습니다. 바로 내가 전문가처럼 느껴지도록 전문용어들을 계속 사용하는 것인데요. 마케팅, 세일즈를 잘하려면 이것부터 바꿔주셔야 합니다. 고객은 우리가 우리의 제품을 아는 것만큼 우리 제품에 친숙하지 않습니다.

그렇다면 우리는 뭘 해야 할까요? 우리는 고객에게 고객의 언어로 알기 쉽게, 초등학생도 알아들을 수 있을 정도로 우리의 제품을 설명할 수 있어야 합니다. 마치 7살 아이에게 전문용어로 상품을 설명하는 것과 같다는 것이죠. 7살 아이에게 전문용어로 내 상품/서비스를 설명해준다면 과연 그 친구가 끝까지 제 말에 귀 기울여 줄까요? 아마 머릿속으로 스마트폰 게임을 하는 상상, 자신이 좋아하는 유튜버 생각에 푹 빠져 있을 겁니다. 명심하세요. 고객은 7살입니다. 자, 여기까지 학습이 되셨다면 실무적인 마케팅 글쓰기를 하는 데에 있어 꼭 필요한 질문들 4가지를 같이 던져보겠습니다.

첫째, 내 글은 도입부에서 호기심을 불러일으키고 있는가?

둘째, 내 글은 핵심고객이 관심을 갖는 문제를 이야기하고 있는가?

셋째, 내 글은 쓸모 있는 해결책을 제시하고 있는가?

넷째, 내 글은 핵심고객이 구매를 결정할 수 있도록 유도하고 있는가?

액션 코치의 미션 TALK

앞의 4가지 질문에 대한 답을 지금 써보자. 그리고 발견되는 문제의 해결을 위해 나는 어떤 것을 더 찾아내는 노력을 해야 하는지도 적어보자. 자 이제 어떻게 행동에 옮길 수 있을까?

마케팅에도
내비게이션이 있다면?

'모르는 길을 지도 앱을 보고 찾아가듯, 마케팅에도 로드맵이 있다면 얼마나 좋을까?' 혹시 이런 생각 해 보신 적 있나요? 매출 전환, 수익 상승 등 막막하기만 한 마케팅에도 로드맵이 있었다면!!

　SNS 마켓을 운영하면서 상품을 판매해도, '나'를 브랜딩 해서 서비스를 판매하는 1인 기업도, 오프라인 매장을 운영 중인 사장님도, 기업도 이제는 마케팅 활동을 적극적으로 하지 않으면 결코 성장하기가 힘든 시대이고 이것은 앞으로도 더 심화될 거예요. '우리는 이미 단골들이 있어!'라는 안일한 생각으로 그들이 항상 나를 찾아와 줄 것이라 생각하고 마냥 기다리기만 한다거나 지인 등의 인맥을 통해서 새로운 고객을 유치하는 것은 더 이상 효과적이지 않게 된 것이죠. 그래서 우리는 반드시 온라인을 통해 마케팅을 해야 해요. 스마트폰 보급률 96%(2018년 기준)의 시대에 가장 효율이 좋은 마케팅이 바로 온라인 마케팅이기 때문입니다.

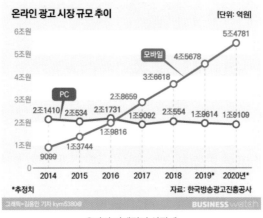

온라인 마케팅의 성장세

온라인 마케팅을 하는 방법에는 여러 가지가 있지만 가장 쉽고 빠르게 효과를 볼 수 있는 것은 상당한 비용을 들여서 광고를 하는 유료 광고일 거예요. 하지만 여기에서 꼭 기억해둘 점은 유료 광고를 통해 '효과를 보는 것'이 '구매 전환율이 높은 것'을 의미한다는 것이 아니라는 점이죠. 물론 유료 광고를 집행할 경우 보다 많은 문의를 받을 수 있지만 전부 구매로 이어지지는 않는다는 건데요. 그래서 자칫 유료 광고만을 고집할 경우 매출은 늘었지만 그 늘어난 매출을 고스란히 유료 광고를 집행하는 데 쓰게 되는 경우가 생기기도 해요. 이럴 경우 순수익은 거의 차이가 없게 됩니다. 그렇기에 중요한 것은 어느 정도 유료 광고를 활용함과 동시에 블로그나 여러 SNS를 통한 자연스러운 마케팅 역시 함께 이루어지는 것입니다.

　이런 마케팅을 할 때 보다 효율적이고 빠르게 성과를 낼 수 있는 방법이 있기에 그 방법을 알고 하는 것과 모르고 하는 것은 결과에서 큰 차이를 가져오게 됩니다. 즉 어느 정도 내가 원하는 성과를 얻기 위해 꼭 비용을 쓰지 않고도 할 수 있는 마케팅 내비게이션은 있다는 의미죠. 그 내비게이션은 나/우리 브랜드에게 맞는 마케팅 로드맵을 계획하는 것에서 시작할 수 있어요. 내가 무엇을 위해 마케팅을 하는지 목표를 분명하게 설정하고 그 목표를 이루기 위한 기간과 방법들을 구체적으로 생각해봐야 해요. 기간도 연 단위, 월 단위, 일 단위로 점점 세분화해서 계획을 세울 필요가 있습니다.

　예를 들어본다면 블로그를 키워서 매출을 늘리고자 할 경우, 언제까지 얼마의 매출을 늘리기를 원하는지 그 목표부터 분명하게 설정해봅니다. 현재 블로그로 유입되는 사람들 중에 몇 퍼센트가 구매를 하는지부터 파악을 해 봅니다. 그다음에는 구매 비율을 높이기 위한 방법을 계획하고요. 그리고 목표로 하는 기간을 더 작게 나누어서 한 달에 몇 명을 유입시킬 것인지, 하루에 몇 명까지 유입시킬 것인지도 계획을 세웁니다. 더불어 가장 중요한 것은, 마케팅 목표를 이루기 위한 구체적인 실천 방향과 현재 나에게 부족한 능력, 그것을 채우기 위한 공부 계획도 함께 세워줍니다. 이런 방법을 통한 마케팅 로드맵을 가지고 마케팅을 시작할 때와 그렇지 않을 때, 마케팅 성과에 있어서 상당한 차이를 보이게 되겠죠.

액션 코치의 미션 TALK

나만의 마케팅 로드맵을 계획해보자(복주환, 『생각정리스킬』 참고).

1) 종이에 생각나는 대로 다 적는다.
2) 지금 당장 중요하지 않은 것은 삭제한다.
3) 생각과 고민을 구분한다.
4) 우선순위를 표시한다.
5) 남아있는 것들을 하나씩 꺼내 구체화시킨다.
6) 중요한 것은 위로 올린다.
7) 할 일마다 절차를 먼저 세운다.
8) 절차별로 예상 소요 시간, 일할 주체를 적어둔다.
9) 절차를 마칠 때마다 포스트잇으로 표시한다.
10) 닥치고 실행한다.

왜 기업들은 브랜딩에
목숨을 거는 걸까?

브랜딩이란 뭘까요? 브랜딩… 브랜딩….

　사전적 의미로는 '소비자의 머리에서 시작해서 감정적으로 느끼는 것' 그래서 '진정한 경험을 창조하고 소비자와 진실한 관계를 발전시켜 나가는 과정과 관계의 구축'이라고 합니다. 한마디로, 마케팅은 '전달하는 것', 브랜딩은 '기억되는 것'이죠. 실무자로서 쉽게 말씀드리자면 잠재 고객들이 특정 브랜드를 생각했을 때 머릿속에 직감적으로 특정 이미지가 떠올려지는 것입니다. 동시에 브랜드에 대한 긍정적인 느낌을 떠올리게 하는 과정입니다. 특히 브랜드의 '차별성'을 고객이 긍정적으로 인지하도록 만드는 것이죠. 즉, 마케팅이 전달하는 것이라면 브랜딩은 기억되는 것이라고 생각하시면 좀 더 이해를 도울 수 있을 듯합니다.

브랜딩에서도 가장 중요한 것이 있습니다. 앞에서 배운 내용을 바탕으로 잠깐 눈을 감고 10초간 생각해볼게요. 앞에서 나온 핵심고객 설정에서 이미 답이 나와 있어요!

답은 바로 '고객과의 관계'입니다. 앞서 고객이 필요성을 느끼는 부분, 즉 결핍을 브랜드가 채워주는 것이 중요하다고 말씀드렸어요. 꼭 물질적인 부분이 아니라 고객이 브랜드를 '경험'하는 과정에서 이루어지는 모든 것들이 고객이 브랜드에 대한 긍정적 경험을 떠올리도록 하는 데에 도움이 됩니다.

특히 이제 막 핵심고객을 찾아야 하는 스타트업의 경우, 고객이 브랜드에 대한 긍정적 경험을 쌓도록 하는 데에 힘을 쓰는 것이 중요합니다. 소비자들이 우리 브랜드에 대해서 차별성 있는 긍정적 경험을 떠올리도록 하는 것이 핵심인 거죠. 뾰족한 핵심고객의 고민들을 고객이 속한 커뮤니티에서 모아보고 그 고민들을 브랜드가 해결해주고, 더 나아가 지속적으로 고객의 목소리에 귀 기울여준다면(그것을 신제품이나 신규 서비스에 반영하는 등) 고객은 브랜드의 단골이 됩니다.

1인 기업, 프리랜서에게는 '나'라는 브랜드를 나의 핵심고객(잠재 고객)에게 내가 의도하는 이미지로 인식시키는 작업 또한 브랜딩입니다. 특히 이 경우에는 '서비스'를 제공하는 경우가 많은데, 고객과 소통하면서 그 분야의 전문가로 브랜딩 하는 것이 좋습니다. 그리고 고객이 나를 편하게 찾아와 내가 제공하는 것에 대해 물어볼 수 있도록 소통 창구를 만들어 놓는 것 또한 중요합니다. 결국 나의 고객이 내가 표현하고자 하는 바대로 나/브랜드를 인지하고 찾아준다면 브랜딩이 잘 된 것이죠. 브랜드나 '나'의 팬덤, '내 상품/서비스'의 팬덤이 생기게 만드는 것이 현시대에서 살아남을 수 있는 가장 좋은 마케팅 방향입니다.

　그럼 브랜딩을 하면 뭐가 좋을까요? 가장 좋은 브랜딩의 이점은, 나또는 내 회사가 브랜딩이 되면 이제는 내가 고객을 찾아다니기보다 고객이 필요에 의해 먼저 나를 찾게 됩니다. 또 내가 굳이 내 상품이나 서비스를 홍보하려 애쓰지 않아도 고객이 나를 찾아준다는 장점이 있어요. 이렇게 브랜딩을 잘 해 놓으면 최소의 비용으로 최대의 마케팅 효과를 볼 수 있습니다.

액션 코치의 미션 TALK

핵심고객에게 나는 어떤 이미지로 인식되고 있는가? 앞으로 나는 고객에게 어떤 이미지로 인식되고 싶고 그것을 위해 해야 할 액션은 무엇인지 떠올려보자. 또한 고객이 내 브랜드와 내 상품을 자발적으로 알리고 싶게 만들려면 어떤 서비스를 제공할 수 있을지도 적어보자.

오래 사랑받는 브랜드가 되고 싶다면
반드시 알아야 할 비결

마케팅 편법과 정공법의 차이는 뭘까요? 쉽게 말하자면 플랫폼의 상단 노출이나 트래픽에 더 집중했느냐, 아니면 고객 자체에 집중했느냐의 차이라고 볼 수 있겠습니다.

마케팅의 편법은 기술적인 부분에 특히 집중합니다. 기술적인 부분에는 '내가 고객에게 어떻게 얼마나 보일지'가 주로 담기죠. 예를 들어, 인스타그램의 팔로워 수를 진성 고객이 아닌, 팔로워 구매를 하여 증가시켜놓고 내 고객이 많은 것처럼 보이게 하는 거죠. 또는 고객들이 '아, 이게 유명한가 보다.'라고 생각하도록 인스타그램 좋아요 수를 구매하고, 댓글이 달리도록 하는 것 등을 우리는 '편법'이라고 하는 거죠.

정공법은 본질에 충실합니다. 고객이 지금 원하는 것이 뭔지, 지금의 일상에서 결핍을 느끼는 것이 무엇인지에 집중하고, 그것을 나나 내 제품이 어떻게 해결해줄 수 있을지에 집중하죠. 그 부분을 생각하면서 다음과 같은 질문을 하기도 합니다.

"누가 이 상품을 필요로 할까?"

"내 제품이 필요한 사람들은 일상에서 어떤 것이 가장 불편할까?"

"내 제품을 쓸 만한 사람들은 내 제품 대신 기존에 어떤 제품을 사용하고 있었을까?"

"그리고 그 사람들이 내 제품과 대체/비교 제품 사이에서 가장 구매를 고민하게 만드는 것은 무엇인가?"

그리고 이 모든 질문들에 대한 해답을 내 마케팅 채널에서 어떻게 나타내 줄 수 있을까를 생각하며 마케팅 활동을 하게 됩니다. 그렇다면 고객의 기억에 오래 남는 마케팅, 사람들에게 사랑받는 브랜드의 마케팅 비법은 뭘까요?

"마케팅은 상품이 아니라 인식의 전쟁이다" - 알 리스Al Ries

가장 좋은 방법은 고객의 기억 속에서 최초가 되는 것입니다. 보통 사람들은 분야의 첫 번째는 잘 기억하지만, 두 번째부터는 잘 기억하지 못하죠(책『마케팅 절대 불변의 법칙』의 예: 달 표면을 최초로 걸었던 사람은 닐 암스트롱, 미국의 첫 번째 대통령은 조지 워싱턴). 가장 중요한 것은 내 핵심고객에게

'최초'가 되는 것입니다. 시장에 나온 첫 제품이 아닌 핵심고객의 기억 속에 '최초'가 되면 되는 거죠(책 『마케팅 절대 불변의 법칙』의 예: 아이패드는 태블릿의 최초는 아니지만, 최초처럼 기억/아마존은 온라인 서점의 최초라고 기억).

이것을 위해 우리가 해 볼 수 있는 건 뭘까요? 고객의 기억 속에 내 브랜드를 나타낼 수 있는 한 단어를 먼저 지정해 보세요. 이것을 마케팅에서는 캐치프레이즈catch phrase라고 합니다. 내 핵심고객이 그 단어를 생각하면 내 브랜드가 떠올려지도록 하는 것이죠. 한 단어에 두 브랜드가 동시에 떠오르는 경우는 거의 없습니다. 예를 들어 야놀자, 야나두는 브랜드 이름을 캐치프레이즈로 사용합니다.

♡ 액션 코치의 미션 TALK

핵심고객에게 내 브랜드가 어떤 키워드로 기억되면 좋을지 한 단어로 정리해 보자.

1등 브랜드의 차별화는
뭐가 다를까?

내 회사만의 특별한 차별점을 찾고 싶다면 다음에 나올 질문에 대한 답 20가지를 작성해 보시면 도움이 되실 거예요.

"고객이 내 상품 이전에 사용했던 제품보다 내 회사의 상품/서비스를 택해야 하는 이유가 있다면 무엇인가?"

이 질문의 핵심은 내 입장에서 말하는 답이 아니라 철저히 고객의 입장에서 생각하고 답해야 한다는 것입니다. 5~10가지는 정말 쉽게 답이 나옵니다. 15가지도 답이 술술 나올 수가 있어요. 15번째부터 슬슬 답이 나오지 않기 시작하며 17번째의 답을 적을 때는 10분씩 생각할 때도 있을 거예요. 19번째를 적을 때에는 20분이 걸릴 때도 있겠죠. 그런데 15~20가지의 답을 다 적고 나면 고객의 입장에서 생각하는 진정한 내 회사만의 차별점이 나온다는 것, 꼭 알아두세요! 혹시 고객이 원하는 포인트를 찾지 못하셨나요? 이것을 찾고 싶다면 다음 질문들에 대한 답 20가지를 작성해보시면 됩니다.

"내 고객이 현재 상황에서 밤낮으로 생각하는 심각한 고민은 무엇인가?"

"그리고 내 상품/서비스는 고객이 고민하는 것들을 어떻게 해결해줄 수 있을까?"

앞의 질문들에 대한 답을 20가지씩 찾고 나면 고객의 고민이 무엇이고, 내 상품/서비스가 고객이 느끼는 결핍을 어떻게 채워줄 수 있는지 구체적으로 알아볼 수 있습니다. 꼭 길게 쓰지 않아도 떠오르는 것들을 간략하게 나열해 써보면 이후 고객에게 매력적으로 다가가는 마케팅 글을 쓸 때 내가 왜 이 글을 쓰는지 글의 목적성이 명확해질 것입니다.

다음의 '고객을 내 편으로 만들어주는 상담 노트 템플릿 예시'를 참고하시면 고객이 내 회사의 제품을 선택하도록 하시는 데에 도움이 되실 거예요. 기억하세요. 우리는 넘버원이 아닌, 온리 원이 되어야 합니다.

그럼 온라인 가격 경쟁에서 마케팅으로 살아남는 방법은 뭘까요? 시중에 아직 없는 그런 상품이나 서비스를 내가 선점해서 추진하는 것도

고객을 내 편으로 만들어주는 상담 노트 템플릿 예시

출처 홈비즈마케팅협회 애인플래너

분명 매출 성과에 큰 성공 요인이 될 수 있어요. 더군다나 그 상품이나 서비스가 소위 우리가 말하는 대박을 친다고 한다면 선점한 효과는 톡톡히 누릴 수 있을 거예요. 그러나 어떤 상품이나 서비스가 잘 될 경우 제2, 제3의 후발주자들이 생기게 되죠. 그러면 어쩔 수 없이 가격 경쟁이 붙을 수밖에 없고요.

예를 들면, 카니발 택시로 핫했던 '타다'가 처음 나왔을 때 특히 유모차에 아기를 데리고 다니는 엄마들에게 너무도 훌륭한 이동 수단이 되었어요. 짐이 많은 아기 엄마들에게 카니발은 그 짐들을 다 싣는 게 문제가 되지 않았고, 더구나 훌륭한 기사님들은 서비스가 좋아 아기 엄마들이 짐을 실으며 눈치 보지 않아도 되었으니까요. 그리고 일반 택시보다 조금 이용 가격이 높더라도 타다의 편안한 서비스와 만족감을 선택하는 사람들이 많아지기 시작했어요. 그런데 얼마 뒤에 보라색 카니발 택시가 등장을 하죠. 바로 '파파'. 타다와 비슷한 콘셉트이지만, 할인 쿠폰 등 타다보다 조금 저렴한 가격을 내세우면서 후발주자로 뛰어들었어요. 이렇게 후발주자들이 가장 먼저 시장에 내세우는 경쟁력은 대부분 가격적인 부분입니다. 그렇기에 아무리 시장을 선점했다 하더라도 분명히, 이후의 가격 경쟁에서 살아남을 수 있는 나만의 차별화가 있어야 해요.

차별화에 대한 해결 방법이 바로 브랜딩입니다. 비슷한 가격 경쟁이 붙는 상품들과 확실히 다른 차별성을 두는 브랜딩. 바로 내 상품, 내 서비스가 아니면 안 되는 이유를 만들게 되면 고객은 바로 그 차별화로 내 상품이나 서비스를 선택하게 됩니다. 이렇게 브랜딩 하는 과정에서 고객과의 소통을 통해 신뢰를 쌓고 그것을 기반으로 나의 팬덤을 형성한다면 나의 팬이 된 고객에게 더 이상 가격 비교는 중요한 포인트가 아니게 됩니다. 일회성 소비만 하던 소비자를 나의 잠재 고객으로 만들고 구매와 재구매를 통해 단골로 만드는 것이죠. 그 과정에서 꾸준히 소통하고 신뢰를 주면서 더 나아가 나의 팬으로 만들어 팬덤을 형성한다면, 이들에게는 '나에 대한 신뢰 = 내가 사용하는 상품 혹은 서비스에 대한 신뢰 = 내가 판매하는 상품 혹은 서비스에 대한 신뢰' 이렇게 구축이 되는 거예요. 그리고 고객들에게 더 이상 내가 파는 상품에 대해서 가격 비교를 하는 것은 중요하지 않게 되는 겁니다.

 액션 코치의 미션 TALK

앞의 〈고객을 내 편으로 만들어주는 상담 노트〉 템플릿에 따라 종이 위에 작성해 보자.

CHAPTER 4

마케팅과
뒹굴기

마케팅 실전 활용 키포인트

2020년 이후
마케팅 뉴 파워 트렌드

2020년 1월, 우리는 예상치 못한 코로나 19 바이러스로 지인뿐 아니라 고객과도 대면하지 못하게 되는 상황을 맞닥뜨리게 되었습니다. 이로 인해 기존에 존재하던 언택트 문화가 더 확산되었어요.

> **언택트**Untact '콘택트(contact, 접촉하다)'와 부정의 의미인 '언(un-)'을 합성한 말로, 기술의 발전을 통해 물건을 파는 사람과의 접촉 없이 물건을 구매하는 등의 새로운 소비 경향을 의미.

우리가 가지고 있는 스마트폰으로 쿠팡과 같은 이커머스 플랫폼을 통해 상품을 주문하거나, 배달의 민족과 같은 배달 앱을 통해 음식을 주문하는 것 모두 언택트 문화에서 시작된 비즈니스 모델입니다.

실제로 언택트 소비가 확산함에 따라 배달의 민족에서 선보인 비대면 주문/결제 서비스 '배민 오더'의 경우, 지난해 11월 첫선을 보인 후 출시 5개월 만에 200만 건을 돌파한 바 있습니다. 언택트 소비를 지향하는 분위기와 주문/결제에 소요되는 시간과 절차를 줄여 달라는 고객의 요구에 맞춰 고객의 서비스 이용 편의성을 높인 것이죠.

이후 코로나 19 바이러스가 지속되면서 언택트에 '연결'이라는 개념이 더해진 '온택트Ontact' 문화가 확산되고 있어요. 코로나 19 사태로 위기에 처한 패션, 뷰티 업계들은 이미 온택트로 진화 중입니다. 온라인으로 모든 것을 연결하는 현상을 비대면, 즉 언택트로 받아들이기보다, 온라인을 통해 새로운 연결 방식이 등장한 것으로 이해해야 한다는 움직임인 거죠.

물리적 거리는 유지하되 일상을 영위하고 사회를 정상 운영하기 위해 언제든 서로를 원활히 연결하는 필요성이 대두되면서 온택트가 보편화하는 '뉴노멀'(시대 변화에 따라 새로 부상한 표준) 시대에 접어들었습니다.

- 이노선의 '바이러스 트렌드' 빅데이터 분석 보고서 중에서

지금 홈비즈마케팅협회에서 트레이닝 하고 있는 비대면 온라인 마케팅 교육 과정의 경우에도 2년 전 주변에 많은 이들이 수요가 없을 것이라 예측했으나 1년 만에 수억 원의 매출을 달성했고, 최근 교육 분야에서 비대면 학습 이용자의 증가 및 온택트 소비 문화가 이어짐에 따라 이전과 다름없이 교육을 이어갈 수 있었습니다. 위기를 기회로 삼아 온라인 명사 초청 교육 및 다양한 트레이닝 프로그램을 더 확대해 나갈 수 있었습니다. 이번 경험을 통해 비대면 사업, 온라인으로 고객과 연결되는 온라인 마케팅의 중요성을 더 절실히 느낄 수 있었지요.

아직 온택트 마케팅의 변화를 실감하지 못하는 독자님은 다음 질문에 한번 답해 보세요.

독자님, 최근 구매한 그 상품, 뭘 보고 구매하게 되셨나요?

한국인터넷진흥원의 '2019년 온라인 광고 이용자 인식 조사 분석 결과 보고서'에서 PC/모바일 이용자를 대상으로 한 최근 상품 구매 경로에 대한 응답을 살펴보면, '온라인 광고'라는 응답이 67.9%로 가장 높게 나타난 것을 확인할 수 있습니다. 광고 매체별 구매 이용 결정 영향에서도 '온라인 광고'가 가장 높게 나타났죠. 이처럼 최근에는 온라인 광고에 대한 부정적인 인식이 낮아지고 온라인 광고가 소비를 돕는 정보로 받아들여지게 된 것이에요. 다음 그림에서 볼 수 있듯이 온라인 광고 시장, 특히 모바일 광고 시장의 규모가 점점 커지는 것에서도 최근 소비 트렌드가 반영되었음을 알 수 있습니다.

현시대에 온라인 공간이 익숙한 사람들은 온택트 시대가 와도 비대면으로 온라인 공간 속에서 지인들과 대인관계를 유지하고, 새로운 사람

출처 한국방송광고진흥공사/비즈니스워치

들과 대인관계를 형성하고 있어요. 이것이 익숙하고 당연해진 시대가 되었습니다. 이러한 분위기 속에서 온라인 마케팅을 하는 독자님이 꼭 주목해야 할 부분이 있습니다. 바로 '팬'의 중요성을 아는 것이에요. 정말 내 상품, 내 서비스, 내 브랜드를 좋아하고 지지할 사람들 말이죠. 이 사람들이 바로 온택트 시대에 우리가 더 주목해야 할 핵심고객들입니다. 저는 이것을 '팬세이션(팬 +센세이션)'이라 부릅니다.

액션 코치의 미션 TALK

마케팅 트렌드도 중요하지만 이것보다 더 중요한 게 있다. 이 책의 1~2장에서는 벤치마킹할 수 있는 성공 사례들과 기술들을 다루었고 3장에서는 마케팅 본질을 다루었는데 이것을 우리 사업에 어떻게 적용할지 좀 더 깊이 생각해 봐야 한다. 나와 잘 맞는 마케팅 채널은 무엇이며, 앞서 이야기 나눈 사례들을 바탕으로 나에게 적용할 점 5가지와 실천 계획, 그것을 통해 이루고자 하는 마케팅 목표를 정리해 보자.

마케팅으로
월 100만 원 더 버는 방법

이 부분에서는 독자님의 이해를 돕기 위해 프리랜서 마케터들의 실제 사례를 먼저 이야기하고자 합니다. 경험한 것을 바탕으로 가장 가까운 사례를 들려드리고자, 실제로 저자 안혜빈이 운영하는 교육 기관에서 배운 마케팅을 활용해서 매출을 +α로 만든 분들을 인터뷰하여 두 분의 사례를 실었습니다.

첫 번째로 인스타그램 마케팅을 활용하시면서 방송이나 기사 섭외를 받고 계신 A 씨의 사례입니다. 인스타그램은 플랫폼의 특성상 프로필 부분이 매우 중요한 역할을 합니다. 계정을 들어가 보면 일단 계정 첫 페이지는 전부 이미지 썸네일로만 되어 있죠. 그래서 그 안에 어떤 내용을 포함하고 있는지 일일이 들어가서 확인해보지 않는 이상 알기가 쉽지 않습니다. 바로 이런 점 때문에 인스타그램에서 프로필은 그 계정의 얼굴이라고 할 수 있어요.

프로필(얼굴)에서부터 '내가 누구인지' '어떤 사람인지' '무엇을 하는 사람인지' 매력적으로 표현해야 합니다. 실제로 A 씨는 인스타그램 프로필 설정만 바꿨는데도 일주일도 채 되지 않아 메이저 잡지사에서 기사 인터뷰 요청을 받았습니다. 또한 현재 진행하고 있는 방송과 기사 요청의 70~80%를 인스타그램을 통해 받게 되었습니다. 자신의 경험을 바탕으로 시작한 메신저 사업은 인스타그램 프로필에 '컨설팅' 진행을 명시해 놓은 뒤부터 직접적인 컨설팅 수익으로까지 전환되었습니다. 이 사례를 우리에게 적용해 본다면, 지금 당장! 내 프로필에 내가 어떤 사람인지, 나에게 어떤 상품/서비스가 있는지 명확히 명시해 놓는 것부터 해야 합니다. 모든 사람이 프로필 하나만으로 이렇게 확실한 매출 전환을 일으킬 순 없지만, 하나씩 배워 적용하다 보면 우리도 지금보다 확실한 마케팅 성과를 낼 수 있습니다.

다음은 6개월 만에 수익 0원에서 월 700만 원까지 안정적으로 수입을 올리신 살사 댄서 B 씨의 사례입니다. 일반인에서 프로 댄서로 전향하고 실력에 대한 고민 때문에 수익을 어떻게 증진시킬지 방법을 생각하지 못하고 있던 분이었어요. 고민으로 인한 스트레스는 무력감까지 가져오면서 수익 발생과는 점점 더 거리가 멀어졌습니다. 후에 마케팅을 배우게 되면서 인스타그램 마케팅과 자신의 상품/서비스에 관심이 많은 분들이 모인 커뮤니티 카페 마케팅을 적용하게 되었습니다.

인스타그램에선 자신이 하는 일, 노력하는 과정, 상품/서비스를 지속적으로 노출시켰습니다. 마케팅이라는 것 자체도 처음이었고 전문가로서 성장한 기간이 오래되었다 보니 하나하나 적용하는 것이 어려웠고 낯설었지만 자신이 열정을 가지고 이 일을 대하는 것부터 알리기 시작했습니다. 또한 "내가 과연 이렇게 수업을 열면 사람들이 신청해 줄까?" 했던 마음이 있었지만 살사 댄스를 배우고 싶어 하는 분들이 모여 있는 커뮤니티 카페에 수업과 관련된 글을 올리자 6개월 만에 공연과 강의로 720만 원까지 수익을 올릴 수 있게 되었습니다.

이런 이야기를 읽으면서 아직도 '저건 다른 사람 이야기야. 나는 재능도 없고 내 상품/서비스가 좋은 건 알겠지만 어떻게 알려야 할지 모르겠어!' 하는 분들이 계십니다. 저도 그랬으니 충분히 그런 생각이 들 수 있습니다. 하지만 여기서 소개해 드린 두 분 또한 처음에 그러했습니다. 우리가 간과하고 있는 것 중 하나는 나 스스로 내 상품/서비스에 자신 있다면 우리에겐 그것이 꼭 필요한 더 많은 사람들에게 알려야 할 의무 또한 있다는 것입니다. 더 많은 이들에게 꼭 필요한 상품/서비스를 마케팅으로 알려서 긍정적인 선순환을 하는 것이죠.

이처럼 마케팅은 '나' 혹은 우리 회사를 '브랜딩' 하는 것, 알리는 활동을 하는 것으로 수익과 직접적인 연결을 할 수 있는데요. 뚜렷한 직업을 갖고 있으신 분들도 마케팅을 활용해서 수익을 업그레이드하는 것이 가능하지만 현재 뚜렷한 직업을 갖고 있지 않은 주부나 대학생들 또한 얼마든지 마케팅을 활용해서 수익을 만들 수 있습니다. 지금부터 그 내용도 다뤄보겠습니다.

이제는 N잡러의 시대라고 하죠. 단 하나의 직업이라는 의미, 그리고 평생직업이라는 의미가 희미해지고 있습니다. 이런 부분은 마케팅에서도 마찬가지로 적용이 됩니다. 블로그, 각종 SNS, 유튜브 등 마케팅을 할 수 있는 채널들이 수시로 생겨나고 사라지는 시대입니다. 특히 내가 운영하는 채널에 영향력이 생기기 시작하면 수많은 부가 수익 창출의 기회들이 생겨나는데요. 마케팅으로 부가 수익을 창출하는 방법, 대표적인 4가지를 알려드립니다.

1 체험단/기자단

블로그와 인스타그램은 나만의 콘텐츠를 만들고 팔로워들과 진심 담은 소통 활동을 이어가게 되면 각 기업에서 체험단으로 활동할 수 있는 기회들이 생깁니다. 단순히 상품이나 맛집 체험단으로 활동하면서 생활비를 절약할 수도 있고, 더 나아가 내 계정에 영향력이 더욱 커진다면 원고료까지도 받을 수 있는 기회들이 생겨요. 이런 체험단 활동은 내 계정을 키우는 과정에서 메일 등으로 의뢰가 올 수도 있고, 또 체험단만 모집하는 위블이나 세이블로그, 미블체험단 등과 같은 사이트에 직접 신청해서 이용할 수도 있습니다. 이전에는 블로그와 인스타그램 체험단이 거의 대부분이었다고 한다면, 요즘에는 유튜브 체험단도 심심치 않게 볼 수 있어요.

2 1인 광고 대행

마케팅을 잘하지만 내 상품/서비스를 만들어 판매하는 것보다 타인의 상품/서비스를 잘 알리고 수익도 창출하고 싶다는 분들이 많이 선택하는 일입니다. 프리랜서로서 기업/ 브랜드 혹은 개인과 직접적으로 계약 관계를 형성하며, 해당 브랜드의 마케팅 채널, 활동을 맡아 활성화시키고 관리합니다. 혹은 홍보 글을 내 블로그에 올려주고 건당 수익을 받는 경우도 있습니다. 내 마케팅 채널을 활용하여 부동산 임대 수익처럼 채널의 영향력에 따라 내 채널 임대 비용을 받는 것이죠. 흔히 블로그를 대여해 주고 200~300만 원을 받는 그런 것이 아닙니다. 월 단위로 나의 영향력을 활용하여 내 채널에 글을 올려주는 것, 그렇게 함으로써 기업이 내 영향력을 빌리는 것, 그것으로 비용을 받아 매월 지속적인 부가 수익을 창출하는 것을 말합니다(글을 쓰고 활동하는 주체가 나가 되는 것입니다).

3 SNS 마켓

이전과는 다르게 마켓이나 스토어로 판매 활동을 하는 것도 복잡한 과정 생략하고 SNS로 보다 쉽게 시작할 수 있습니다(예: 인스타 마켓). 흔히 우리가 판매를 시작하고자 할 때 가장 큰 고민이 되는 부분이 바로 상품을 사입해서 재고 부담을 갖는 것이죠. 그러나 사입하지 않고, 위탁 배송으로 시작한다면 재고 부담도 없어지고, 초기에 투자 비용 부담도 덜 수 있습니다.

4 광고 수익

마케팅을 이용해서 부가 수익을 창출하는 또 하나의 방법으로는 광고 시스템을 이용하는 방법도 있습니다. 만약 내가 네이버 블로그 혹은 다음의 티스토리 블로그를 잘 키웠고 방문자가 잘 유입된다고 가정해볼까요? 그랬을 경우, 네이버 애드 포스트나 구글 애드센스를 이용해서 수익을 창출할 수 있습니다. 우리가 정보를 찾기 위해 타인의 블로그에 들어갔는데, 그 블로그 글의 중간이나 하단에 광고가 뜨는 것을 보게 되는 경우가 있습니다. 바로 그것이 네이버에서는 애드 포스트, 구글 광고는 애드센스입니다. CPC 방식으로 그 광고를 보고 방문자가 클릭만 해도 수익이 발생하는 형태예요. 단, 네이버 애드 포스트나 구글 애드센스의 경우 이것만으로 상당한 수익을 만들기는 쉽지 않기에 가벼운 용돈을 벌 수 있는 정도로 생각하셔야 합니다.

이렇게 마케팅 하나만으로도 수익을 창출할 수 있는 방법들은 채널에 따라서 방법에 따라서 다양합니다. 그렇기에 직장인, 워킹맘, 육아맘 등 어느 누구라도 내가 원하는 시간에 원하는 장소에서 부가 수익을 만들 수 있어 정말 매력적인 것이죠.

액션 코치의 미션 TALK

이번에는 마케팅을 활용하여 다양하게 수익을 창출해 낼 수 있는 방법에 대해 이야기해 보았다. 배운 것을 바탕으로 우리는 마케팅을 통해 어떤 부가 수익을 창출해 낼 수 있을지 생각해보자. 혹은 나에게 부족한 부분이 있다면 그것을 어떻게 채우고 적용할지 종이에 적어보자.

블로그로 돈 벌고 싶을 때
가장 먼저 알아야 하는 것

"인터넷으로 돈을 번다고?" "집에서 돈을 어떻게 벌어?" 과거에는 재택근무라는 것도 불가능한 현실이라고 생각했었고 집에서 돈을 번다는 것은 있을 수 없는 일이라고 생각했습니다. 하지만 오늘날 분명한 것은 누군가는 그저 출퇴근길의 친구처럼 정보를 얻고 소통할 뿐인 SNS로 누군가는 돈을 벌고 있다는 점이에요. 그렇다면 그 사람들은 이런 온라인 채널들을 이용해서 어떻게 집에서 돈을 벌고 있을까요?

블로그를 활용해서 수익을 만들고자 한다면 이것이 가장 먼저 정해져야 합니다. 바로 어떤 목적으로 블로그를 운영할 것인가 하는 부분인데요.

"수익형 블로그 VS 브랜딩 블로그"

수익형 블로그로 키운다고 한다면 광고 대행이나 체험단, 블로그 마켓 등으로 수익을 얻을 수 있습니다. 광고 대행은 말 그대로 다른 업체를 홍보하는 글들을 작성하고 노출 정도에 따라 원고료를 받게 되죠. 체험단 역시 업체로부터 상품이나 서비스를 제공받고 후기 포스팅을 남기는 일이에요. 아이를 키우는 주부들의 경우, 맛집 등의 체험단으로 생활비를 절약하는 효과도 볼 수 있습니다. 거기에 플러스로 내 블로그에 작성한 후기 포스팅의 노출 정도나 블로그 방문자 수에 따라서 추가적인 원고료를 더 벌 수 있기도 하죠. 블로그 마켓은 블로그를 통해서 공동구매 등을 진행하며 셀러 활동으로 수익을 만드는 것입니다.

브랜딩 블로그로 나의 블로그를 키우고자 한다면, 블로그로 당장의 수익은 벌기 힘들 수도 있습니다. 나 자신을 브랜드화하는 과정을 블로그에 글을 남기는 과정으로 브랜딩 블로그를 키울 수 있는데요. 그 과정에는 나의 이야기(스토리) 그리고 나의 콘셉트 등이 녹아드는 콘텐츠들을 지속적으로 발행하는 것이 중요합니다. 이웃들에게 내가 어떤 사람인지 어떠한 일을 하는 사람인지를 지속적으로 노출시키면서 신뢰를 쌓아가는 거예요. 왜냐하면 그 신뢰들은 곧 그들이 내가 하는 일에 대한 잠재 고객들이 되어주는 밑거름이기 때문이죠. 이렇게 나의 이야기가 있는 콘텐츠가 쌓이고 잠재 고객들의 신뢰를 쌓아가는 브랜딩 과정이 잘 이루어진다면, 이것은 곧 나의 잠재 고객들이 내 팬이 된다는 의미입니다. 그리고 그것은 그들이 내가 블로그 안에서 어떤 일을 시작하든, 혹은 어떤 상품을 판매하게 되든 '아~! 이 사람이 하는 건 믿을 수 있어!'

라고 생각하고 구매하게 하는 힘이 되어줍니다.

액션 코치의 미션 TALK

블로그 역시 인스타그램과 맥락은 동일하다. 만약 블로그를 생각하고 있으나 아직 시작 전이라면 블로그를 수익 목적으로 할 것인지, 브랜딩 목적으로 할 것인지 생각해보자.

인스타그램으로
돈 버는 사람들의 이야기

SNS 중에서도 요즘에 가장 핫한 채널은 단연코 인스타그램입니다. 그
리고 인스타그램을 활용해서 수익 활동을 하는 방법도 다양해지고 있어
요. 크게 두 가지로 분류해본다면 체험단과 같은 수익형 채널로 키우거
나 브랜딩 인스타그램으로 키울 수 있죠. 혹은 다른 채널과 콜라보를 하
는 것으로 나에게 혹은 내 브랜드에 관심 갖는 분들과 소통하는 채널로
만 사용할 수 있고요.

인스타그램은 이용할 때 소통이 잘 되고 콘셉트가 분명한 계정일수록
체험단 문의가 많이 옵니다. 그렇게 체험단을 진행하면서 상품을 협찬
받기도 하고 원고료로 수익을 만들 수도 있어요. 개인을 브랜딩 하기 위
해서 인스타그램 계정을 이용하는 경우 1인 창업이나 지식 창업을 할 때

보다 효과적으로 인스타그램을 활용할 수 있습니다.

거기에 더해서 요즘엔 인스타 마켓으로 부가적인 수익을 창출하시는 분들도 많은데요. 상품을 소싱하는 방법도 위탁 판매가 대중화되면서 스마트 스토어 등 오픈 마켓 창업보다 인스타 마켓 운영의 진입장벽이 많이 낮아진 것이 사실이에요. 다만 위탁 판매 위주로 SNS 셀러 활동을 할 경우, 배송 기간에 있어서 고객과 조율이 필요한 경우가 있어요. 그리고 배송 기간에 대한 부분을 고객에게 미리 고지해두면 더욱 좋습니다. 다음 예시는 안혜빈 대표가 운영하는 홈비즈마케팅협회에서 컨설팅을 받고 인스타그램으로 실제 매출을 낸 분들의 이야기입니다.

1 혀니의 보물상자 @hyuni_treasurebox

출처 @hyuni_treasurebox 인스타그램 계정

2019년 10월 17일만 해도 협회와의 첫 컨설팅 때 소싱이나 판매를 해도 마음처럼 판매가 되지 않아 고민이셨던 수강생분으로 현재는 육아도 하며 집에서 인스타그램 마켓으로만 월 500의 매출을 낸 자랑스러운 CEO가 되었습니다.

기존에 공동구매를 인스타그램으로 진행하고 계신 와중에 협회의 컨설팅을 받으셨던 수강생분은 컨설팅 후에 핵심고객을 모으는 법, 핵심고객을 위한 상품 소싱 방법 및 단골 관리법 등을 보다 전문적으로 알게 되셨고, 판매 상품 게시글의 스폰서 광고를 핵심고객에게 적극적으로 노출될 수 있도록 활용한 결과 다음과 같이 높은 노출도를 낼 수 있었습니다.

처음 찾아오셨을 때에도 팔로워들에 대한 애정이 워낙 남달랐던 분이셨기에, 컨설팅을 받고 난 후 제품 소싱이나 판매 부분에서도 큰 시너지

컨설팅을 받기 전/후의 인스타그램 피드

를 낸 것이라 생각합니다.

2 쫑이네 점빵 @0413.jj

쫑이네 점빵이라는 마켓을 운영하는
다른 수강생의 예를 들어보겠습니다. 이
수강생분은 처음에 인스타그램으로 다
른 일을 하시다가 2018년 10월 안혜빈 대
표와의 컨설팅에서 마켓을 제안받아 시
작하게 되었어요. 처음엔 누가 사줄까 고
민하던 때가 있었으나 현재는 자신이 배
운 마케팅 능력을 인정받아 다니는 회사
에서도 빠른 승진을 하며 신임받는 직원

이 되었고, 회사 업무 외 시간에는 인스타그램 마켓으로 수백만 원의 매
출을 내고 있습니다.

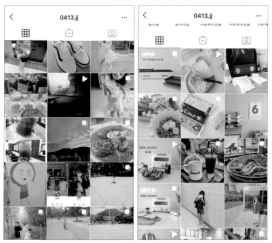

컨설팅을 받기 전/후의 인스타그램 피드

사실 이분은 수강 당시 개인적인 사정으로 일반인보다 몸이 더 힘드셨을 텐데도 불구하고 누구보다 열심히 교육을 들으신 분이셨어요. 처음 이분께 인스타 마켓을 제안 드린 이유도 옷이나 제품을 고르는 센스가 남달랐기 때문인데, 2년이 지난 지금 인스타 마켓뿐 아니라 마케팅적으로도 인정받는 전문가가 되어 참 대단하다고 생각합니다.

3 김민정 교육원장 @happy_unnie

2019년 6월 협회 컨설팅을 받기 전, 해당 계정은 재택으로 마케팅 부업을 이미 시작했음에도 불구하고 계정에서 제공하는 콘텐츠가 마케팅 교육 쪽의 브랜딩 방향과 일치하지 않았던 상황이었습니다. 게다가 마케팅 교육과 관련한 일상을 많이 보내고 있음에도 실제로는 계정에 많이 노출하지 않아 핵심고객의 신뢰를 얻지 못하고 있었죠.

따뜻하고 통일감 있는 색감에 주로 신경을 썼던 기존과는 다르게 컨설팅 후에는 실제로 마케팅을 공부하고 있는 모습이나 성장 과정 자체를 가감 없이 공유하며 진성 고객들을 많이 만들었습니다.

이 책의 저자 중 한 명인 김민정 원장은 처음 홈비협에 들어와 안혜빈 대표와의 컨설팅을 진행할 당시 마케팅을 활용하여 상품 판매, 유통, 마케팅 글쓰기 교육, 커뮤니티 활성화 등 다양한 홈비즈니스를 통해 돈을

컨설팅을 받기 전 인스타그램 피드

컨설팅을 받은 후 인스타그램 피드

벌고 싶어 했습니다. 그러던 중 협회에서 마케팅 공부를 하며 팔리는 마케팅 글쓰기에 관심이 많아졌고, 당시 안혜빈 대표가 협회에서 교육연구원장으로 함께하자는 제안을 하여 협회 임원으로 협회의 자회사를 운영하며 지식 창업을 함께하게 되었습니다. 그 후 안혜빈 대표의 컨설팅으로 영국에서 팔리는 마케팅 글쓰기 수업을 온라인으로 진행하였고 브랜드 마케팅 자문으로 월 고정 수익을 내기도 하였어요. 협회에 처음 찾아왔을 당시 영국에서 프리랜서 비즈니스 전문 통번역사로도 활동을 하고 있었는데, 협회에서 고객과의 협상법에 관해 컨설팅을 받고 3개월 만에 월 천만 원을 달성하기도 했습니다. 이렇게 이미 자신의 전문성을 가지고 있는 수강생의 경우, 자신의 재능과 마케팅 능력을 콜라보 하여 좋은 결과를 내기도 합니다.

4 맵찔이의 집밥스타그램 @mapzzil

챕터 1의 7번 에피소드 '얼굴 노출하지 않고 인스타그램으로 수익을 낼 수 있나요?'에서 소개 드렸던 @mapzzil 계정, 기억하시나요? 이 계정은 사실 김민정 원장이 마케팅을 처음 배우는 사람도 협회의 콘텐츠로 인스타 마켓 창업을 하여 수익을 낼 수 있다는 것을 증명하기 위해 2020년 2월부터 일주일에 한 번씩 컨설팅을 진행한 계정이에요. 특히 초반에 계정 콘셉트를 잡고 핵심고객을 유입하는 방법 등의 컨설팅으로 시작한 지 1달 정도 만에 팔로워 1,000명을 달성하게 했던 비법은 유튜브 채널 '마케팅 첫경험'(2020년 9월 기준 '마케팅 첫키스'로 채널명 변경)에서 확

인하실 수 있습니다.

처음 인스타 마켓 창업을 통해 수익화를 시작했던 해당 계정은 계정을 키우기 시작한 지 4주 만에 요식업 브랜드의 상품 협찬을 받기 시작하여 지속적으로 음식점 체험단 협찬까지 들어오는 등 현재는 요식업 및 주방 식기(홈 리빙) 브랜드에서 공동구매 콜라보 제안까지 먼저 들어

오고 있습니다. 심지어 계정을 키우기 시작한 지 4주 만에 인스타 셀러 유통 플랫폼이자 인스타그램 계정의 가치를 분석해주는 '파라스타'의 계정 분석에서 1.5억 원의 가치를 만들어내는 등 콘셉트, 브랜딩 및 핵심 고객 설정을 적절히 하였다는 평가를 받고 있어요.

특히 다음 페이지 이미지에서는 고객들과 진심 소통을 지속하며 어떻게 하면 판매하는 상품의 강점을 고객이 잘 느낄 수 있을지 연구하는 @mapzzil 님의 모습을 보실 수 있어요. 콘텐츠 기획을 좋아하면서도 늘 고객들이 좋아하는 상품이 무엇일지 꾸준히 연구하고, 본인이 직접 먹어보거나 써본 제품 중 품질이 좋은 상품만을 가져오려는 @mapzzil 님이기 때문에 6개월이 채 안 된 시간에 핵심고객을 단골로 만들고, 단골을 넘어선 팬으로 만들 수 있지 않았나 싶습니다.

또한 @mapzzil 님은 이전에 소개된 바와 같이 협회 자회사로서 브랜드 퍼스널 마케팅 대행을 맡아 함께하고 있습니다. 마케팅을 배워 본인

이 수익화 할 수 있는 파이프라인을 셀러뿐 아니라 마케터로서도 구축해나가고 있는 것이죠.

5 묘르신들 모시는 15년차 집사 노대리 @nohzipsa

이 계정은 해외에서 품질이 우수한 반려동물 관련 사료나 용품 등을 수입하여 한국에 판매하는 유통사 브랜드 계정입니다. 해당 브랜드는 이전까지는 도매 판매와 스마트스토어, 전시회, 자사몰 등에 집중하다가, 협회의 마케팅 콘텐츠를 통해 소비자와 온라인에서 직접적으로 소통할 수 있는 인스타그램 마케팅을 처음 시작하였어요. 이미 펫 산업에 전문성과 애정이 높으셨던 사장님들이었고, 판매 중이었던 브랜드 상품들의 품질이 기존 소비자 및 소매업 판매자들에게 입증되어 있었던 덕분에 상품에 대한 정보를 소비자들에게 더 친숙하게 고객의 언어로 전달할 수 있습니다.

특히 해당 브랜드는 사업 초기부터 고객이 함께하는 반려동물들을 위해 좋은 상품을 꼼꼼히 검토하여 가져오려는 지속적인 노력을 해왔습니다. 그리고 인스타그램으로 고객과의 직접적인 소통을 시작하고 나서는 고객에게 도움 되는 상품을 타 온라인 채널보다 인스타그램에 먼저 소개하며 공동구매를 진행하는 등 진성 고객들과의 소통을 활발히 하고 있습니다.

액션 코치의 미션 TALK

인스타그램에서 실제로 돈을 벌고 있는 사례들을 배워보았다. 이 중 나는 어떤 방식으로 계정을 운영 중인가? 우리의 상황에 따라 고객도 다르고 고객이 알고 싶고 보고 싶어 하는 것 또한 다를 것이다. 우리 사업에 적용해 볼 수 있는 것은 무엇일까? 생각해보자. 더 나아가 인스타그램을 활용하여 어떤 마케팅 목표를 달성하고 싶은지도 구체적으로 정해 보면 좋다. 고객들이 내 계정을 보고 내 상품/서비스를 유료로 결제하고 싶게끔 신뢰를 주고 있는가? 스스로 점검해보시기 바란다. 현재 내 계정은 프로필? 게시글? 사진? 글? 어떤 점이 더 보완되어야 할까?

나를 위한
인스타그램 맞춤 활용법

독자님, 지금 어떤 일을 하고 계신가요? 사실 우리가 어떤 업종에 종사하고 있든, 인스타그램 안의 모든 것은 고객이 우리 브랜드에 끌릴 수 있도록 전략적으로 구성해야 합니다. 예를 들어, 프로필에는 우리의 브랜드가 고객에게 어떤 이익을 주는지 명확히 고객에게 알리는 것이 좋아요. 만약 우리 브랜드에서 진행하고 있는 이벤트가 있다면, 고객이 이벤트 기간인 것을 알 수 있도록 프로필에서 명시하는 것이 좋습니다. 게시글에는 고객이 관심을 가질 만한, 고객에게 도움이 될 만한 정보, 즉 콘텐츠를 정기적으로 제공해야 합니다. 그래야 고객이 우리 브랜드를 '계속 방문하여 보고 싶은 브랜드'로 인식할 테니까요. 앞서 나왔던 고객을 위한 이벤트를 활용하는 것도 짧은 기간 안에 브랜드 계정을 활성화시키는 데 큰 도움이 됩니다.

그리고 잊지 마세요. 고객과의 소통은 늘 해야 합니다. 늘 고객의 입장에서 고객의 시선으로 '어떤 것을 보여줘야 고객이 우리 브랜드에 신뢰를 느끼고 계속 보고 싶어 하는, 알고 싶어 하는 팬이 될까?'를 고민해야 해요. 그럼 우리 브랜드 또는 개인의 인스타그램을 어떻게 활용하면 좋을지 업종별로 프로필, 콘텐츠, 일상 게시글, 이벤트로 나누어 놓은 것을 함께 보실까요?

1 요식업 – 삼진어묵

이 계정의 프로필에서는 '1953년부터 3대에 걸쳐 66년째 이어져온'이라는 삼진어묵의 스토리를 통해 삼진어묵이 어떤 브랜드인지 드러내고 있습니다. 또한 해당 계정을 방문하는 고객이 이 브랜드에 대해 더 알아볼 수 있는 링크(구매가 가능한 링크)를 프로필 하단에 넣었습니다. 어묵을 맛있게 먹는 법, 오징어를 다양하게 먹는 법 등 삼진어묵에서 판매하는 상

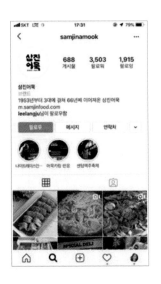

품과 관련한 음식 콘텐츠들을 넣기도 하였습니다. 콘텐츠 이외에도 게시글에서는 판매하는 상품을 고객들이 맛있게 먹는 모습, 고객의 긍정적인 시식 후기, 그리고 해당 상품과 관련한 삼진어묵의 브랜드 스토리

와 철학을 주로 담고 있습니다. 이벤트로는 브랜드 데이를 맞이하여 이 달의 행사를 열거나 인스타그램 게시글에 음식 홍보 이벤트를 진행하였습니다. 예를 들어 지정한 음식을 인스타그램에 올리고 삼진어묵 브랜드 계정을 태그하면 ○○ 증정/ ○○원 할인이라고 말이죠.

2 지식창업가 – 권민창 작가

지식창업가로서 글쓰기 클래스를 운영하며 『응원해요 당신의 모든 날을』외 3권의 책을 쓴 권민창 작가의 프로필에는 현재 하는 일에 대한 것이 정확히 명시되어 있습니다. 고객이 나를 팔로우 함으로써 얻을 수 있는 이익을 '따뜻한 글 한잔하고 가세요'라는 말을 통해 명시하였죠. 이와 같이 지속적으로, 그리고 정기적으로 나의 계정에서 제공하는 콘텐

츠가 있다면 명시하는 것이 좋습니다. 『응원해요 당신의 모든 날을』외 3권의 책을 썼다'와 같이 고객이 신뢰를 느낄 수 있는 나의 경력이 있다면 명시할 수도 있어요. 그리고 마지막으로 '나를 찾는 글쓰기 클래스 6월 시즌 신청 링크'라는 말로 작가가 운영하는 글쓰기 클래스에 참여할 수 있도록 행동 유도를 하며 프로필 하단에 그와 관련한 링크를 넣었습니다.

권민창 작가 계정의 경우 사실 거의 글 형식의 카드 뉴스로만 팔로워 4만까지 키웠기 때문에 모든 글 들이 거의 콘텐츠입니다. 특히 이런 콘텐츠들에서는 평소 자신의 가치관을 보여주어 고객들이 공감을 느끼고 흥미를 느낄 스토리텔링 글들이 주를 이루는 것을 보실 수 있습니다.

3 온라인쇼핑몰 - 예소라트

온라인 쇼핑몰 예소라트를 운영하는 예솔 님의 프로필에서는 고객이 본 쇼핑몰에서 구매할 수 있는 상품들이 정확히 무엇인지 알 수 있습니다. 특히 새롭게 오픈하는 상품들에 대해 말이죠. 또한 온라인 쇼핑몰을 운영하는 계정의 경우 현재 진행 중인 이벤트가 있다면 그 부분도 놓치지 않고 명시하는 것이 좋습니다. 프로필의 맨 밑에는 브랜드에 대해 조금 더

자세히 알아보거나 구매할 수 있도록 링크가 걸려 있어요. 온라인 쇼핑몰처럼 하나의 구매 링크 말고도 다양한 정보를 주어야 하는 계정이라면 본 계정처럼 2개 이상의 링크를 걸 수 있는 웹사이트인 인스타바이오나 링크트리 또는 인포크링크를 활용하시기를 추천드립니다.

특히 게시글에서는 예솔 님이 판매하는 상품을 구매한 고객의 긍정적인 사용 후기, 평소 이 일을 하면서 예솔 님의 가치관을 보여줄 수 있는

일상글과 사진들, 예솔 님이 판매하는 상품을 감각적이거나 사실적으로 보여줄 수 있는 사진들을 많이 활용하였습니다. 콘텐츠로는 예소라트 쇼핑몰에서 판매하는 상품(예: 청바지)의 코디법 등 상품의 활용법을 올리는 등 예소라트에서 판매하는 상품과 관련하여 고객이 흥미를 느껴 지속적으로 계정을 방문할 만한 콘텐츠(예: 우리 옷, 이렇게까지 입어보았다)를 계속 업데이트하고 있습니다. 진행하는 이벤트로는 브랜드 데이를 맞이한 할인, 2 +1 이벤트, 포인트 적립, 댓글 이벤트 등 다양한 이벤트를 활용 중입니다.

4 뷰티업 – 차홍룸, 차홍아르더

입사하면 최대한 인스타그램 등의 개인 온라인 마케팅 채널을 운영하게 한다는 차홍룸과 차홍아르더.

회사만 자체적으로 마케팅을 하는 것이 아닌, 디자이너들이 인스타그램이나 블로그를 통해 개인의 포트폴리오를 만들어 나가면서 회사와 개인이 함께 성장해 나가는 것을 보여주는 좋은 예입니다. 실제로 회사에 입사한 디자이너 대부분 인스타그램 마케팅을 진행하여 개인을 알리는 덕분에 차홍룸에서 선보이는 모든 헤어디자인 관련 해시태그들을 검색했을 때 차홍룸과 함께하는 디자이너분들의 계정들이 상위 인기게시물로 뜨기도 합니다. 차홍룸과 함께하는 디자이너분들의 프로필 이름에는 특히 지역명이 포함된 ○○ 미용실, 차홍룸/차홍아르더, 개인 이름이 들어가 있으며, 각자 자신이 가장 자신 있어 하거나 트레이드마크인 헤

어디자인이 명시되어 있습니다.

특히 프로필 소개에서는 자신이 추구하는, 또는 자신의 가치관이 담긴 한 줄을 써 놓기도 하며 프로필 이름에서와 같이 자신이 가장 자신있어 하거나 주로 담당하는 헤어스타일을 강조해 놓았습니다. 이렇게 현재 내가 제공하는 서비스를 명시하며, 다른 사람들과 차별화된 나의 주력 서비스를 강조하는 것이 좋습니다. 그리고 내가 근무하는 샵의 오픈 시간 등 장소에 대한 정보를 표기하며 나에게 관련 문의를 하려면 어떻게 해야 하는지 행동 유도 부분도 링크를 통해 상세 안내해 주셔야 합니다.

게시글에서는 내가 제공한 서비스를 이용한 고객의 사진을 포트폴리오처럼 나타내 주고 있습니다. 나의 서비스를 이용할 경우 받을 결과에 대해 시각적으로 보여주며 해당 스타일을 선택할 경우 고객이 느낄 가치가 어떤 부분인지에 대해 명시하였습니다. 또 가능하다면 나의 서비스를 이용한 후 고객들의 비포 & 애프터를 이미지로 시각화하여 같이 보여주고 있죠. 실제로 차홍룸을 선택하는 고객들이 만족해하는 부분 중 "인스타그램을 통해서 스타일을 미리 보고 갈 수 있어서 좋아요."라는 이야기가 많습니다. 또한 긴 머리 웨이브 고데기 활용법 등 내가 제공하는 서비스와 관련하여 고객이 관심 가질 만한 콘텐츠를 업로드하는 등 내 상품과 관련하여 내가 무료로 제공할 수 있는 정보를 줍니다.

특히 뷰티업과 같이 고객의 비포 & 애프터를 좀 더 극명히 보여줄 수 있는 업종에서는 나의 서비스를 이용한 고객의 긍정적인 후기를 같이 쓰거나, 고객이 직접 자신의 인스타그램 계정에 올린 사진을 리그램 하는 것도 추천드립니다. 추가적으로 내가 하는 일/브랜드를 대하는 나의 가치관이 담긴 일상 글을 쓰는 것도 좋겠죠. 이벤트의 경우 ○○날 맞이 이벤트, 기간 한정 이벤트(예: 12월 연말 할인), 상품 한정 할인 이벤트(예: ~까지 염색 50% 할인)를 열기도 합니다.

5 교육업 – Mr. Bro의 재밌는 영어

영어 교육 사업을 하는 Mr. Bro의 재밌는 영어 계정에서는 고객이 계정 운영자가 제공하는 상품을 한눈에 파악할 수 있는 문구를 명시하였습니다. 해당 계정을 팔로우 하면 '웃긴 움짤로 배우는 쉽고 간단한 영어 표현' 관련 콘텐츠들을 계속해서 볼 수 있다는 것도 본 계정에 잘 드러나 있습니다. 고객이 상품을 유료로 이용하고 싶은 경우 어디에서 구매할 수 있는지도 프로필에 링크를 걸어두었죠. 해당 계정에서는 상품과 관련하여 고객이 흥미를 느낄 만한 콘텐츠를 정기적으로 발행합니다. 나의 주력 분야 콘텐츠를 활용하여 전문 브랜드 포지셔닝을 하는 것이죠. 또한 ○○ 맞이 할인(예: 새해 맞이 할인), 예비 ○○ 할인, 무료 1일 체험권 등 시기에 맞는 다양한 이벤트를 진행하고 있습니다.

6 펫사업 - 묘르신을 모시는 15년차 집사 노대리

해외의 품질이 우수한 반려동물 관련 사료나 용품 등을 수입하여 한국에 판매하는 총판회사가 운영하는 계정입니다. 회사 직원이 운영하는 계정으로, 프로필에는 회사가 얼마나 반려동물과 오랫동안 함께했는지 나타내며 신뢰감을 주는 문구로 신뢰도를 높여줍니다. 바로 '노대리는 15년간, 사장님들은 20년간 고양이에 미쳐 있는 중'이라는 문구로 말이죠.

실제로 계정에서 제공하는 콘텐츠, 계정을 팔로우 하면 고객이 얻을 이익을 '#냥덕을 위한 #고양이용품 추천 리뷰'라고 넣었습니다. 또한 고객과의 공감대 형성을 위해 현재 회사에서 함께 지내고 있는 반려동물들의 이름과 나이를 써 넣었죠. 마지막으로 현재 회사의 반려동물들이 사용하고 있고, 회사에서 판매하고 있는 상품들을 어떻게 살 수 있는지 링크도 프로필에 함께 넣었습니다. 해당 계정에서는 평소 고객들에게 반응이 좋은 상품을 체험할 수 있게 하는 체험단 이벤트, 그리고 새로 판매하는 상품을 공동구매로 온라인 최저가보다 싸게 고객들이 구매할 수 있게 하는 이벤트 등을 진행하였습니다.

액션 코치의 미션 TALK

현재 내 인스타그램 계정의 프로필, 일상 글, 콘텐츠를 구분 후 분석해보자. 보완이 필요하다면 프로필부터 고객에게 신뢰를 줄 수 있도록 바꿔 줄 것!!

STEP 6

마케팅에도 1+1이 있다면?

다양한 마케팅 채널을 배우면 배울수록 '나는 이러한 마케팅 채널들을 어떻게 같이 활용할 수 있을까' 하는 생각이 커져갑니다. 그래서 이번에는 현재 온라인 마케팅을 할 때 가장 많이 활용하는 마케팅 채널인 인스타그램과 함께 활용하면 시너지를 많이 낼 수 있는 여러 마케팅 채널들을 콜라보 마케팅 성공 사례와 함께 소개해드리겠습니다. 꼼꼼히 읽으시고 내 사업에서는 어떤 콜라보 마케팅을 활용해야 효율적일지 꼭 생각해보시기 바랍니다.

1 인스타와 네이버의 콜라보 마케팅

먼저 네이버와 인스타그램을 함께 활용하는 경우를 생각해 볼게요.

기본적으로 네이버 블로그는 텍스트 기반의 플랫폼이에요. 어떤 정보든 글 위주로 되어 있는 곳이죠. 사진과 동영상 등 파일 첨부가 가능하지만, 주가 되는 것은 바로 '글'이에요. 그리고 인스타그램은 사진을 기반으로 하는 SNS죠. 처음부터 내용 없이 해시태그와 사진 한 장만 가지고도 소통 가능하게 만든 플랫폼이었어요. 그래서 더욱 그 시작부터 폭발적인 인기를 얻게 되기도 했었죠. 그렇다면 이 두 가지를 어떻게 같이 활용할 수 있을까요?

예를 들어보면, 동물병원에서 인스타그램과 블로그를 이용해서 마케팅을 하고자 한다고 생각해볼까요? 인스타그램으로는 매일 병원을 방문하는 반려견, 반려묘들의 사진과 함께 동물병원의 사소한 일상들도 사진으로 기록하는 거예요. 그렇게 우리 동물병원이 매일 어떤 생활을 하는지 노출시킬 수 있죠. 그리고 블로그에는 반려견, 반려묘들에 대한 건강 정보 등을 꾸준히 포스팅 해주세요. 그렇게 끊임없이 반려동물들을 위해 연구하고 또 매일매일 열심히 생활하고 있다는 이미지를 보여주다 보면 고객들의 신뢰가 쌓이고, 동물병원을 가야 할 때 보다 신뢰가 가는 이 동물병원을 찾게 되는 거죠.

또 네이버에서 요리 블로거로 활동하는 인플루언서의 경우, 인스타그램보다는 블로그에서 더 활발히 활동하고 있지만, 고객의 유입을 더 늘리기 위해 이미지 기반의 인스타그램을 또 하나의 마케팅 채널로 활용하기도 합니다.

특히 뷰티/패션 크리에이터의 경우 시각적으로 보여주는 것에 중점을 두는 마케팅 채널이나 정보 제공 위주의 마케팅 채널들을 다양하게 활용하고 있는 것을 보실 수 있습니다. 그래서 한눈에 이미지를 보여줄 수 있는 인스타그램, 관련 정보를 찾는 사람들을 위한 네이버와 유튜브까지 함께 활용하고 있는 경우도 많습니다.

2 인스타와 유튜브의 콜라보 마케팅

저자 안혜빈은 첫 책『젊은 부자들은 어떻게 SNS로 하루 2천을 벌까?』가 베스트셀러가 되고, 이런 문의를 종종 받았습니다. "아니, 인스타그램으로 도대체 어떻게 하루에 2천만 원을 벌어요?" 지금부터, 유튜브 구독자 1,000명이 되지 않아도 인스타그램과 유튜브의 콜라보로 억대 연봉이 가능했던 안혜빈 대표의 실제 노하우를 들려드리겠습니다. 독자님께서도 적용만 하신다면 현재의 상황에서 매출을 높이는 데 아주 유용하실 겁니다.

인스타그램의 경우 이미지 기반의 플랫폼이다 보니, 사업가나 내 상품을 알려야 하는 입장에서는 고객이 구매 결정을 내리거나, 신뢰를 갖기까지 한계가 있었을 겁니다. 예를 들자면 소비자는 이 상품이 아직 필요한지 잘 모르겠고, 당신이 어떤 사람인지, 어떤 일을 하는 사람인지, 나에게 어떤 가치를 제공해 줄 수 있는지 아주 구체적으로 알고 싶습니다. 하지만 판매하는 입장에서 그 모든 것을 이미지나 짧은 글에 다 담기엔 한계가 있죠. 이러한 부분을 보완해 주는 것이 바로 유튜브입니다. 특히 독자님께 보여드려야 하는 내용이 인스타그램에서 보여주기에 방대한 경우, 그러한 부분들을 유튜브 영상에서 보여줄 수 있습니다.

실제로 안혜빈 대표는 인스타그램과 유튜브를 함께 운영하며 마케팅에 관심 있는 분들과 꾸준히 소통하였고, 그 결과 사업을 시작하고 2년도 되지 않아 하루 매출 2,450만 원 달성! 이후에도 꾸준히 콜라보 마케팅을 하며 사업을 성장시켜 나가고 있습니다.

3 인스타와 페이스북의 콜라보 마케팅

페이스북은 2012년에 10억 달러(1조 1,500억 원)의 비용으로 인스타그램을 합병했어요. 즉 같은 회사라는 의미이죠. 그렇다 보니 인스타그램과 페이스북은 연동이 가능합니다. 게시물을 올릴 때 한 번의 작업으로 두 개의 플랫폼에 동시에 올릴 수 있어 보다 효율적으로 운영할 수 있어요. 스폰서 광고 역시 인스타그램과 페이스북 동시에 할 수 있는 장점이 있고요. 단, 일반적인 게시물을 올리는 것은 인스타그램과 페이스북 개인 계정으로 연동이 가능하지만 스폰서 광고는 인스타그램 비즈니스 계정이나 크리에이터 계정에서 페이스북 페이지와 연동이 가능하다는 차이점이 있습니다.

출처 코스메쉐프 이수향 대표의 페이스북/인스타그램

한 예로, 화장품 요리사로 활동하고 있는 코스메쉐프 이수향 대표는 페이스북과 인스타그램을 동시에 활용하며 현재 개발 중이거나 판매 중인 상품에 대한 게시글을 동시에 게재하고, 페이스북이나 인스타그램 라이브로 브랜드의 팬들과 소통하기도 합니다.

4 인스타와 틱톡의 콜라보 마케팅

왜들 그리 다운돼 있어? 뭐가 문제야 say something

분위기가 겁나 싸해 요샌 이런 게 유행인가~

지코, '아무노래'로 이룬 성과...1위+7억뷰+7관왕

입력 2020.02.11. 09:46 | 수정 2020.02.11. 09:46

[텐아시아=김하진 기자]

출처 텐아시아/ 한국경제신문

여러분, 이 노래 다들 아시죠? 바로 2020년 1월을 강타한 지코의 〈아무노래〉 챌린지입니다. 실제로 틱톡에서 '#아무노래챌린지'는 7억 뷰를 돌파할 정도로 유행했고 지코의 노래는 국내 음원과 음악방송은 물론 해외 차트에서도 인기를 끌었습니다.

혹시 그거 아세요? 지코는 사실 〈아무노래〉의 발매 전에 이미 동료 연예인들(마마무의 화사, 청하 등)과 같이 찍은 〈아무노래〉 댄스 챌린지 영상을 올렸습니다. 즉, 판매 전 마케팅을 시작한 것이죠. 이후 점차 입소문을 타며 연예인, 유명 인플루언서, 그리고 일반인들까지 자발적으로 〈아무노래〉 챌린지에 참여하게 되었습니다. 그 이후 이 챌린지는 틱톡과 인스타그램에서 새로운 글로벌 놀이문화로 자리 잡았었죠.

틱톡은 15초에서 1분 이내의 짧은 영상을 제작하고, 공유할 수 있는 글로벌 동영상 플랫폼입니다. 요즘같이 핵심만 보거나, 짧은 영상들을

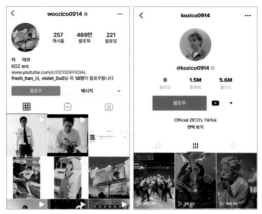

출처 지코의 인스타그램 및 틱톡 계정

더 선호하고 소비하는 사람들에게 맞는 플랫폼이죠. 특히 이미 플랫폼 안에서 유행하고 있는 챌린지의 동영상을 따라 하거나, 많은 배경음악을 저작권 걱정 없이 사용할 수 있어, 누구나 쉽게 영상을 만들 수 있습

출처 요가복 브랜드 '카인다미' 김도연 대표의 인스타그램 및 틱톡 계정

니다. 틱톡에서는 일상을 공유하는 동영상을 만들 수도 있고, 나의 상품을 홍보하는 동영상을 만들 수도 있습니다. 이렇게 시각적으로 다양하게 즐길 거리를 보여주는 틱톡은 사진이 먼저 눈에 띄는 인스타그램과 잘 맞는 마케팅 채널이라 할 수 있어요.

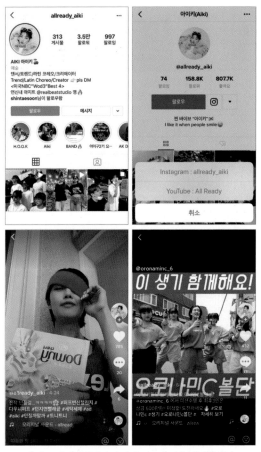

출처 크리에이터 아이키 님의 인스타그램 및 틱톡 계정

특히 15초, 60초 등의 짧은 영상을 틱톡에서 제작한 후 그대로 다운로드하거나 연동하여 같은 영상을 인스타그램에 업로드할 수 있다는 장점 덕분에 틱톡은 음악뿐 아니라 패션/뷰티 업계의 인플루언서 및 브랜드들이 많이 활용하고 있으며, 유머러스하거나 반전의 모습을 보여주는

출처 크리에이터 옐언니 님의 인스타그램 및 틱톡 계정

설정으로 일반인에게도 많은 인기를 끌고 있습니다.

요가복 브랜드 '카인다미'를 운영하는 김도연 대표의 경우, 인스타그램에서는 자신의 라이프 스타일을, 틱톡에서는 브랜드 상품에 대한 것들을 시각적으로 더욱 활발히 보여주고 있습니다.

특히 크리에이터 아이키 님은 다양한 브랜드와 콜라보 하는 영상을 제작하여 광고임에도 불구하고 보는 사람에게 웃음을 주어 소비자에게 호감을 주는 브랜드 광고로 높은 조회 수를 기록하였습니다.

틱톡에서 500만 명이 넘는 팔로워를 보유하며 『15초면 충분해, 틱톡!』이라는 책까지 집필한 옐언니 님의 경우에도 앞선 이미지에서처럼 다양한 브랜드와 콜라보를 통해 소비자에게 친숙한 광고를 하고 있습니다.

5 인스타와 브런치의 콜라보 마케팅

인스타그램과 브런치? 언뜻 들으면 잘 안 어울린다고 생각할 수도 있어요. 브런치라고 하면 블로그보다도 더 글 위주이기 때문이죠. 하지만 브런치의 글을 카드 뉴스로 제작해서 인스타그램에 업로드한다면 훌륭한 하나의 콘텐츠가 될 수 있답니다. 다음 예시는 『나는 공무원을 그만두기로 결심했다』 김정언 작가님의 계정입니다.

인스타그램 안에서는 자신의 가치관이 담긴 일상과 역사에 대한 콘텐츠를 공유하고 있다면, 인스타그램 프로필 링크와 연동된 브런치에서는 역사에 관련한 정보와 자신의 의견을 보다 전문적으로 담아내는 글들을 게시하고 있습니다. 또, 여기에 고객이 보다 쉽게 역사 콘텐츠를 동영상

출처 김정언 역사 작가의 인스타그램 및 브런치 계정

으로도 소비할 수 있도록 유튜브 채널까지 개설하여 고객이 유입될 수 있는 다양한 경로를 만들었어요.

실제로 김정언 작가는 이렇게 다양한 마케팅 채널을 콜라보 하며 자

신을 브랜딩 한 결과, 인스타그램 DM으로 강연, 출간 제안을 받기도 했습니다.

6 인스타와 IGTV의 콜라보 마케팅

인스타그램에서 출시한 동영상 서비스 플랫폼인 IGTV(인스타그램 TV). IGTV가 출시되기 전 기존 인스타그램에서는 60초 이내의 동영상만 업로드할 수 있었습니다. IGTV가 출시된 이후로 인스타그램 유저들은 60초 이상의 동영상을 IGTV를 통해 인스타그램과 연동하여 올릴 수 있게 되었어요. 특히 IGTV가 활발히 사용됨에 따라 인스타그램 사용자들은 더 많은 동영상 콘텐츠를 소비하기 위해 유튜브 등 다른 동영상 플랫폼으로 넘어갈 이유가 줄어들게 되었죠. 누적 재생 횟수 2억 회, 재생 시간 8,445년을 돌파해 한국판 넷플릭스로 불리는 왓챠는 한국 대표 VOD 콘텐츠 플랫폼입니다. 최근 유튜브 등 동영상 플랫폼 유저가 급상승함에 따라 왓챠도 인스타그램과 연동할 수 있는 동영상 플랫폼인 IGTV를 활발하게 활용하고 있습니다.

　특히 앞의 이미지처럼 기존에 카드 뉴스 콘텐츠 마케팅을 주로 사용하던 왓챠는 최근 들어 다음에 나오는 것과 같이 카드 뉴스, 1분 미만의 동영상, 1분 이상의 동영상을 올릴 수 있는 IGTV를 섞어서 많이 활용하고 있습니다.

인스타그램 계정에서 IGTV를 연동하여 같이 활용하는 경우, 앞에서 보이는 것처럼 IGTV 탭이 생기게 됩니다. 이는 내 계정에 들어와 더 많은 동영상 콘텐츠를 소비하기를 원하는 고객들에게 빠르게 나의 IGTV로 들어갈 수 있도록 하죠. 그리고 1장에서 진성 고객에게 꾸준히 노출될 수 있는 팁으로 IGTV 활용법을 알려드린 것, 기억하시나요? IGTV는 콘텐츠를 올려두면 특정 키워드를 검색하는 사람들이 많아짐에 따라 노출이 추후에 되기도 합니다. 이처럼 특정 키워드로 핵심고객을 꾸준히 유입하고자 하는 독자님께서는 꼭 IGTV를 활용해보시기 바랍니다.

 액션 코치의 미션 TALK

지금까지 두 개 이상의 채널로 콜라보 마케팅을 펼치면서 매출에 더욱 긍정적 영향을 끼칠 수 있는 방법을 알아보았다. 나는 어떤 채널을 이용하여 콜라보 마케팅을 할 수 있을지 종이에 적어보고, 벤치마킹 사례를 3가지 찾아 분석해보자.

마케팅 첫 키스 200% 활용 독서법

『마케팅 첫 키스』는 이렇게 읽으실 경우 책을 200% 활용하실 수 있습니다.

1) 목차에서 에피소드 제목을 보고 끌리는 에피소드 먼저 읽어보기

2) 액션코치의 미션 TALK 하고 넘어가기

3) 책을 다 읽은 후 SNS나 블로그, 유튜브 등에서 자신에게 적용할 점 정리해보기

핵심고객을 위해 책에 실린 내용을 실천하시는 모습을 운영하시는 마케팅 채널에

공유해 보세요. 인스타그램도 좋고 블로그, 유튜브 등도 좋습니다.

챌린지 명 #마케팅첫키스도전

(내가 성장하는 모습을 팔로워(핵심고객)와 공유하면서 신뢰도를 높여주시는 것입니다.)

저자들이 직접 소통하기 위해 꾸준히 과정을 공유해 주신 독자님을 찾아뵙겠습니다.

책에서 배운 것을 실천하시는 과정도 함께해요.

저자들이 직접 소통하기 위해 꾸준히 과정을 공유해 주신 독자님을 찾아뵙겠습니다.

책을 다 읽어보신 독자님이시라면 책의 앞부분을 다시 한번 펼쳐보고 끌리는 에피소드부터 메모하며 읽어나가시고, 책을 읽기 전의 마케팅 왕초보분들은 첫 장부터 차례로 읽어나가시면 더 잘 이해하실 수 있게 성공 사례부터 구성하였습니다. 이 책은 현재 소비자들이 대중적으로 많이 사용하지만 쉽지 않게 느껴지던 SNS 마케팅 위주로 작성하였습니다. 그리고 그중에서도 인스타그램을 가장 심도 있게 다루었습니다. 그 이유는 현재 우리가 이용하는 마케팅 채널 중 10~40대 사용자가 꾸준히 늘고 있는 소셜미디어 플랫폼이라는 통계를 베이스로, 가장 쉽게 시작해 볼 수 있으며, 방법을 제대로 적용한다면 그 어떤 채널보다도 고객과 끈끈한 소통을 이어 갈 수 있기 때문입니다.

그 외에도 브런치, 틱톡, 블로그, 와디즈 등 채널별 장단점과 활용 방법, 성공 사례 분석 등을 통해 독자님들이 마케팅을 처음 접하시는 시점

에 이 책 한 권만 정독하여도 마케팅 첫 시도에 대한 용기를 가지실 수 있도록 바라는 마음으로 집필하였습니다. 이 책을 여러 번 읽으시고 혜남tv 같은 마케팅 유튜브 채널이나 시중에 나와 있는 마케팅 기술서를 보신다면 기술적인 부분의 이해도도 더욱 좋아지실 것입니다. 독자님이 되도록 이 책 한 권만으로도 마케팅을 시작하실 수 있도록 예시와 다양한 성공 사례 분석, 액션코치의 미션 TALK 등으로 구성하였으니 꼭 두고두고 읽으시면서 잘 활용하실 수 있길 바랍니다. 이 책을 읽고 모든 부분을 이해하신 독자님은 분명 혼자서도 잘 해내실 수 있을 것입니다.

그리고 혼자서는 아무리 공부하고 시도해 보아도 마케팅이 어려우신 분들을 위해 같은 고민을 해결해 나가는 사람들의 커뮤니티 '홈비즈마케팅협회(홈비즈니스 + 마케팅을 하는 사람들)'라는 네이버 카페를 운영 중입니다. 책이나 유튜브, 독학으로 잘 해내시는 분들도 있지만 저자들처럼 혼자선 마케팅의 시작부터 결과물을 만들어 내는 과정에 어려움이 많은 분들을 위해 교육 기관도 운영 중이니 도움이 필요하신 분들은 네이버 검색창에 '홈비협'을 검색하셔서 같은 고민을 가진 분들과 함께 고민을 해결해 나갈 수 있길 바랍니다.

이곳에서의 교육적인 도움은 홈비즈니스 마케팅 자격 과정을 이수하신 코치님들의 1:1 코칭 및 온/오프라인 교육, 온라인 멤버십 교육 과정, 기업 마케팅 교육 자문 등 도움이 필요한 부분만 집중적으로 도움을 드리고 있습니다.

끝으로, 저자들이 이 책을 통해서 독자님께 바라는 것이 있습니다. 부디 이 책을 꼼꼼히 활용하며 자본주의 시대에 스스로 살아남을 수 있는 마케팅의 문을 활짝 열길 바랍니다.

지금보다 더 나은 삶으로 판을 바꾸실 독자님을 위하여.